道徳は本当に教えられるのか

―未来から考える道徳教育への12の提言―

田沼茂紀［編］
走井洋一
荒木寿友
髙宮正貴
吉田　誠
豊田光世
中野啓明
藤澤　文
柳沼良太
江島顕一
関根明伸
苫野一徳

東洋館出版社

れるのでしょうか。同様に、未来社会を生き抜く子どもたちの羅針盤となる道徳性を培う手法はどうでしょうか。さらに言及すれば、未来での道徳性育成方法はどう確立されるのか等の素朴な問いです。

さて、本書で探求する「道徳性の育み方」とは、そもそもどんな意味をもつものなのでしょうか。また、社会構成機能の一側面に過ぎない学校教育で果たして培うことなど可能なのでしょうか。自分にとっても、同様に生きる他者にとっても、その望ましい生き方を探求するといった人格形成過程において、それは押しつけなしに成立するものなのでしょうか。そんな眼前の現実を内包する道徳教育や道徳科に思いを致すと、戸惑いを禁じ得ません。人間に与えられた天賦の恩恵である道徳性を子どもに育むという営為が功を奏する手立てなど、果たして存在し得るものなのか。一体どうすればそんな理想が実現できるのであろうか――。逆に言えば、このような未来視点でわが国の道徳教育の在り方を考察することが、本書の目ざす到達点となるでしょう。

こんな本書企画を勘案すると、現在に足場を置いた未来予測的手法（fore casting）よりも、少し先の未来時点に設定した目標へ到達するために現在取り組むべき課題を明確化する逆説的思考手法（back casting）の方が、その道標となる指針を得やすいと考えます。そして、その逆説的思考の起点として本書が想定する道徳教育充実達成期は、２０４０年としました。

それは、眼前の子どもたちが社会の中枢を担い、活躍する時代と考えるからです。そこへどう至るべきなのか、12人の研究者がそれぞれのスタンスでアプローチしていくことこそ、本書刊行のメルクマールとなるでしょう。

序

Ⅰ　予測不能な未来社会からの提言に耳を傾ける

本書の扉を拓く先に広がるのは、現代に至るまで累々と築かれてきた伝統的道徳指導観（価値伝達型道徳授業観）への素朴な問題提起と、未来社会から俯瞰《ふかん》すると必然的に露わになる子どもを学習主体者として位置付けた道徳教育方法論の妥当性についての提案です。

本書の立脚点となる２０４０年にわが国の道徳教育が果たして有効に機能しているのか。そうと問われれば、それはいささか心許ない気持ちになります。これから先の社会では、ＤＸ社会、ＡＩ社会が進行し、世界はますます狭くなります。その分だけ、卑近な当事者同士の利害対立、価値観の相対性に端を発する新たな相克も生じることが予想されます。特に、ＡＩが人類の知能を超える転換点となるシンギュラリティー（singularity：技術的特異点）におけるＡＩと人類の共存問題は大きな脅威の伴う必至の課題であり、ＡＩ時代を生きる人々の道徳的価値観を大きく左右することは間違いないでしょう。

もし、そんな予測不能な未来社会から現在の道徳教育への提言があったとするならば、現在を生きる私たちはそこから何を取捨選択して学び、どうこれからの教育活動へ収斂させていけばよいのでしょうか。そんなパラダイムシフトに係る検討や考察をする場が少しでも提供できるとするならば、本書刊行の目的はおおよそ達成といえます。

Ⅱ　予測不能ということは可変性も含んでいる

例えば、ＡＩ社会が私たちに突き付けるのは、有史以来のこれまでの社会で常に主役であり続けてきた人類への退場通告です。もちろん、このような近未来社会の出現はもしかしたら絵空事で終わるのかも知れませんし、現実となる場合にも、それがいつ厳然たる現実となって出現するのかについては誰もが知り得ないことです。ただ、そんな予測不可能な未来社会においては、道徳的難題が出現する可能性が限りなく高くなることだけは想像されるでしょう。

また、それが現実となった時には、誰しもが傍観者で済まされないこともおおよそにおいて推測されます。そんな一大事が火の粉となって降りかかってきたとき、果たして私たちは、周囲にいる他者とともにどう対処していくのでしょうか。ただ手をこまねいて飲み込まれていくのでしょうか。

歴史をひもとくまでもなく、社会は常に流動的かつ可変的です。ときにはわが身の過酷な運命を嘆くような試練も出現するでしょう。しかし、いかなる状況下にあっても、人々はより善く生きるための道標となる道徳的価値を求め、自らの価値観として収斂していくのです。これからの未来社会においても、子どもたちはさまざま出会う道徳的諸課題と対峙するでしょう。そんな時に、最適解を見いだし、より善い人生を自らの力で歩んでいけるような道標、羅針盤となるような道徳的価値観形成は必須です。しかし、それは果たして今日の道徳教育のままで可能なのでしょうか。

さらに踏み込むなら、わが国の近代教育制度成立とともに開始された修身科での徳育教育も、戦後空白期を経ての特設「道徳の時間」での道徳的価値教化による方法も、学習者に主体的に価値自覚を促す手法も、やはり前提にあるのは、価値あるものを予めきちんと設定してそれを寸分漏れなく伝えていくという伝統的価値伝達型道徳教育です。果たして、眼前の子どもたちが主役として生きる未来社会を立ち位置にして現在のわが国道徳教育に思い致すと、今のままで本当に済まされるのか、本当に大丈夫なのかと、とても気になるのです。

本書では、そんな問題意識から今日の道徳教育が内包する問題点や課題を分析し、これから先の10年後、20年後の道徳教育へ敷衍《ふえん》できる提言を一つでも二つでも提供できることを切に願っています。その立ち位置として、一方では逆説的思考手法（back casting）から今日のわが国の道徳教育について俯瞰し、同時に他方では現在に足場を置いた未来予測的手法（fore casting）を用いていきます。複眼的融合調整手法によって、これからの未来社会において新たな道徳的価値観を創造するモデルを構想していくといった可能性を検討したいと考えます。

Ⅲ　未来社会で求められる道徳教育や道徳的価値観とは何か

「自分」たらしめるものを求めて

こんな未来予想図があります。生物学者を経て、ＳＦ小説家としても知られる作刈湯葉《いすかりゆば》は、作品『未来職安』の中で、近未来に生きる人々のいちばん切実な自己肯定感に関する価値観を主題に独自の世界観を描いて、人々の内なる潜在的不安感を見事に言い当てました。

作品中の未来社会で暮らす人々は、本来的に自分たちの正当な対価労働であった様々な職業の多くを、あっという間にＡＩやロボットに取って代わられてしまいます。人間以外に代替できない業種として残されたわずかな仕事に従事するのは、社会全体の１％のエリート層です。それに対して、仕事にありつけない残りの99％の物心両面での生活困窮者層。このような極端な二極化が進んだ社会では、生活基本金保障と引き換えにＡＩやロボットに労働を放棄させられた人々が、敢えて心身の苦痛の伴う「働くこと」を求めて未来職安に縋《すが》り群がるのです。苦悩しながらも自らの生きる心の糧を求めて奔走する人々の暗澹《たん》たる近未来の日々を見事に描いた作品で、なんとも背筋が凍りつくようなストーリーです。

この作品が投げかけたのは、果たして、人は人間本来の本能であるはずの生産活動から退場させられたらどうなるのであろうかという問いです。そして、そのような状況下の社会では、人間が人間らしく生き、その充実感を満たしつつ自分と同様に生きている他者と生きる喜びを共有することなど、とうてい不可能な状況となっているに違いないという予想でもあります。生産本能や共存本能といった、人間の根源的な側面が個から切り離されたら、そこには様々な疎外感に苦しみながら空虚な心を抱えて生かされるだけの人生しか残されていません。「働く」という生きる心の糧を求めて私設の職安に縋《すが》る人々を基底で支えるものは一体何なのでしょうか。――そのライフガード、つまり人間にとって最後の砦となるものが何なのかと問われれば、それは極めてシンプルな問いです。「自分とは一体何者なのかという自問」、つまり、「自分を自分たらしめるものの意味とは何か」という自己価値探求欲求でしょう。

これらは、現在から予測する未来社会の姿の一例に過ぎません。これからの時代をたくましく生き抜いていく子どもたちを待ち受ける未来社会は薔薇色なのか、それともこの物語のように、荒天のただ中で自らの根源を問われ続けるような日々なのか、誰しも言い当てることなどできません。しかし、まだ海のものとも山のものともわからない明日の未来をひたすら心配し、恐れ慄《おのの》いて絶望感に打ちひしがれることなど全く無意味といえるでしょう。

人々の生活行動をいくら外的な要因が規定しようとも、人類はそれを超えて自らの存在を自問する力があるからです。これまで人類の歴史において、その時代を生きる人々の人格的個性の発揮を阻害する要因が存在したことはいく度となくありました。しかしその度、直ちにそれを改善しようとする人間本来の叡智が必ずや発揮され、原初状態に立ち返って再構築しようとする自己防衛本能が機能してきたのです。言い換えれば、社会や文化の発展は、個々人に内在する人格の成長可能性によって支えられてきたのです。

「生き方」を支えるもの

いつの時代にあっても、あるいはここで想定するような未来社会にあっても、道徳教育はそこで生きる子ども一人ひとりを基底で支え、自己解決するための主体的な問いに支えられた学びであるに違いありません。道徳的価値観は、人間一人ひとりの心の奥底にあって、そう簡単には揺るぎません。それでいて、ある一定の条件が揃ったり、いくつかの要素が重なった環境に遭遇したりすると、それこそ強固なそれがいとも簡単に変容してしまうという可塑性を含んでいるのです。

もちろん、そこには何らかの要件を規定する筋が一本通っていないとおかしなことになってしまいます。言うなれば、硬軟取り混ぜた厄介で多様な価値観を全て包み込んでしまうような、個々人の生き方を包摂して揺るがない芯棒のようなイメージです。この芯棒を子ども一人ひとりのアイデンティティーに寄り添って構築していく教育的営みこそ、令和時代という今に生き、多くの同朋と一緒に未来へと生き抜く意味を問い求める道徳教育や道徳科授業でなくてはならないはずです。これこそ、何よりも大切にしなければならない事柄に違いありませんし、わが国の未来永劫な発展へとつながる道徳教育本来の根本的な姿に違いありません。

その際、未来の道徳教育に携わる人々からも、学ぶ子どもたちからも問われるのは、こんな問いでしょう。「従前からの伝統的道徳指導観に基づく価値伝達型道徳指導のままで、そのような学習者を中核にした道徳性形成が実現できるのか？」予め価値があるとされた徳目的な指導内容を、教材を介してそのまま教化するような価値伝達型道徳授業を金科玉条とする道徳教育、道徳科授業への本質的問いです。その前提には、道徳的価値観形成を進める学習者中心の価値探求型道徳学習観が見当たらないからです。

Ⅳ　伝統的価値伝達型道徳指導観から未来志向的探求型道徳学習観への転換

社会に大きな変化をもたらす要因は、何も遠い未来だけでなく我々の足元にもあります。直近のことで述べれば、2020年頃からパンデミックとなって世界中で猛威を振るっている新型コロナウィルス感染症は、社会活動の全てに様々な歪みをもたらしました。様々な活動を停滞させ、長きにわたって強いられた巣ごもり生活では、個々人が当事者として自ら主体的に価値選択することを余儀なくされています。その意味では、個々人に自立的かつ自律的な生き方を否応なしに促す不可避的な契機となったことは間違いないでしょう。別の言い方をすれば、前例踏襲ではない新たな創造的価値観に基づく生き方を否応なく強いられ、その重要性を自覚する絶好の機会となったのです。

つまり、そのわずかと思われた3年近くの日々が、実は社会構造を変革する力となって作用し、ニューノーマルと称される新たな価値様式による社会スタンダードを形成しつつあるのです。このことは、現代社会を生きる人々誰しもが強く実感できるところでしょう。そして、それは人々のライフスタイルだけでなく、その根底にある個々人の道徳的価値観にまでしっかりと影響が及んでいます。

新型コロナウィルス感染症のパンデミックが始まって3年近くが経ったいま、社会は一見するとかつての賑わいを取り戻しつつあるかのようにも散見できます。しかし、それはダウンをカウントされながらも精一杯のファイティング・ポーズをして見せるボクサーの空しい抵抗のようでもあります。なぜなら、この「賑わい」は、外観のみを維持しようと所在なく揺られる風見鶏のようなもので、その内実は巣ごもり生活と呼ばれた時間の中で新たに創出されたニューノーマルな価値観に支配されているからです。

コロナ禍というわずかばかりの異次元空間に迷い暮らすうちに、人々はかつての価値観に戻れないことを無意識的に自覚し、新たな思考様式やそれに基づく生活行動様式を模索して歩み出しています。――そう理解するのが、極めて妥当なのではないでしょうか。そうであるならば、わが国の道徳教育や道徳科授業とて同様であるはずです。社会構造が変質したとき、そこに生きそこで自らの生を精一杯輝かせようとする人々が、その構造変化に応じて自らの道徳的価値観を変質させるのは当たり前のことです。もちろん子どもたちとて同様で、その変わり身の速さが大人以上であることは言を俟ちません。

改めて述べるまでもなく、これからの変化の激しい未来社会で自らの幸福な人生を切り開いていくのは、他ならぬ子どもたち自身です。これからのわが国の道徳教育や道徳科授業という視座に立つと、人類の長い歴史の中で培ってきた道徳的叡智を引き継いでいくことが重要なのは無論ですが、それ以上に力を注がなければならないのは、子どもが自らの人生の羅針盤として機能させる道徳的価値観を形成するための資質・能力の培いに違いないのです。

V　子どもが自分で歩み出す背中を道徳科で押し出す

21世紀の幕開けを胸躍る思いで待ち焦がれていた頃から、既に四半世紀近くが過ぎようとしています。この間、東日本大震災や新型コロナウィルス感染症のまん延、その影響で延期された後に無観客開催となった東京オリンピック等の非日常を少なからず体験してきました。まさに前例踏襲ができない突発的な事態を前に、人々は当初こそ呆然と立ち尽くしはしたものの、そのままでは終わりませんでした。一人ひとりが時代の当事者として自分でできることを見つけ、考え、行動してきたのです。それは、まるで自らの内にある羅針盤に突き動かされるような、当事者としての自然な立ち居振る舞いでもありました。

高度情報化社会、グローバル化社会のさらなる進展は、同時にそこで生きる人々の価値観にも少なからぬ影響をもって作用し、個々人に自らの主体的な道徳的思考・判断・行動を迫ってきます。そうすると、そんな中で当事者自身が自らの内面の変容に気づいていきます。なぜ自分が変容したのか？　何がどう変容し、またその結果はどうであったのか？と。個々人によって多少の違いはあるでしょうが、それは間違いなく個の価値観が変容したことに他なりません。

その自覚のプロセスで人々は、自分が何を拠りどころに、これからをどう生きていくのかという自分探しの羅針盤をもたなければならない必然性を痛感します。そして、道徳科は、子ども一人ひとりのそんな生き方探しのナビゲーションとなったり、新たなチャレンジへ歩み出そうとするときに後ろから背中を押し出し勇気づけてあげたりする魔法の杖のようなものなのです。

教えられた価値規範とは異なり、一度自分のフィルターを通して学んだ道徳的価値は血肉化して絶対に忘れることはありません。ならば、これまでのような伝統的価値伝達型道徳授業より、子どもたちが自ら身をもって生き方学びを探求できるような価値探求・価値創造型道徳学習へ転換すべきではないのか――そう主張するのは極めて自然な理屈だと思えるのですが、全国の道徳教育関係者はどのように受け止めるでしょうか。

現代から未来へとかつてない激しさで変貌していく時代に生きる私たちは、やはり伝統的価値観に拘束されて安堵するばかりでは済まされません。自らの新たな生きる指針としての道徳的価値観を創造することなしには、日々充足する人生の扉は開かれないのです。ならば、そんな時代をたくましく生き抜く子どもたちに求められる道徳教育や道徳科授業はどうあるべきでしょうか。自ずと然るべき方向性は見えてくるでしょう。伝統的道徳価値教化による指導観から、学習者自身の主体性と成長可能性を前提に道徳的価値探求する道徳学習観への転換です。本書がそんな新たな時代の幕開けを告げる役割を果たせるなら、それこそ本望です。

参考文献

柞刈湯葉『未来職安』２０１８年、双葉社

第1章　だれが学ぶのか

コミュニティベースで構想する道徳教育の可能性
―主体性の教育から当事者性の教育への転換を目指して―

走井洋一

1　問題の所在

ＶＵＣＡの時代といわれています。この数年だけを思い返しても、私たちはＣＯＶＩＤ－19によって明日の生活がどうなるのかさえ予測困難であることを経験してきました。このように予測が難しい時代においては、主体的に外界と交渉し、自らを変革し続けることが必要であるといわれています。例えば、「子供たち一人一人が、予測できない変化に受け身で対処するのではなく、主体的に向き合って関わり合い、その過程を通して、自らの可能性を発揮し、よりよい社会と幸福な人生の創り手となっていけるようにする」（中教審　２０１６：10）ことを目指した２０１７、２０１８年告示学習指導要領もその流れのなかにあると考えてよいでしょう。

しかし、こうした自己像は近代的な産物であって、すでに綻びをみせており、新たな自己像と社会像のもとで、社会問題を解決しようとする実践が繰り広げられています。そこでは主体性よりも、当事者性が重視されます。そして、本稿で提案するのは、こうした実践を支える考え方を道徳教育に導入することです。[1]

以下では、主体性がどのような経緯から認められ、問題を生み出してきたのかを確認し、それによって見落としてきたものを回復しようとする当事者性に注目します（2）。さらに、当事者性が発揮される場であるコミュニティの要件を確認し、社会問題解決の実践としてコミュニティ・オーガナイジングについて紹介します（3）。そして、最後にこれらの実践を生かした道徳教育の可能性を見出したいと考えています（4）。

2　主体性と当事者性の乖離――主体性重視の教育の限界

(1)　主体性の生起とその帰結

人間は利己性を発揮しつつも、他者と協同してきたことは広く認められているところです。ただ、利己性が自己利益を志向するのに対して、主体性は自立した判断主体としての個人に認められてきたものですが、こうした主体性は利己性と異なり、古来広く認められてきたわけではなく、むしろ歴史的な産物と捉えるほうが正しいでしょう。

デカルト（１９６７：44以下）は、あらゆるものを疑っていった結果、最後に残るのは疑っている自己であるとして、「我思う、ゆえに我あり《コギト・エルゴ・スム》」を真理としました。この含意は、外に現れる行動や身体が他者と共有されるために、どこまでも自由にならない部分が残るのに対して、**思考としての自己を確保することによって他者に束縛されない自由を手に入れた**ということです。ここで近代社会の主要要件としての個人の自立が明確に認められたといってよいでしょう。

(2) 主体性重視の教育の限界

現在の学校教育がこうした近代的な主体性を前提として成立していることは、主体性の思想に基づいて諸々の権利宣言が認められ、近代国家が成立してきたことから考えれば（走井２０２２）、当然です。現に、２０１７、２０１８年告示学習指導要領で求められている「主体的、対話的で深い学び」の「主体的な学び」は、同解説　総則編では「学ぶことに興味や関心を持ち、自己のキャリア形成の方向性と関連付けながら、見通しをもって粘り強く取り組み、自己の学習活動を振り返って次につなげる」（傍点は引用者）ことと説明されていますが、自己のキャリア形成を見通しつつ、学習と成長をマネジメントすることを要求するものといってよいでしょう。

ですが、学校教育の根底をなす主体性（あるいは、その思想）を批判することは、近代社会が見出してきた個人の尊厳や権利を否定することにつながりかねないため、これまで必ずしも十分に行われてきたとはいえません。個人の尊厳や権利が踏みにじられた陰惨な歴史を知っている私たちはそれらを今後も守っていくことを共有しつつも、歴史的な産物である主体性重視の教育に問題がないかどうか、つまり、**自己の成長を自己自身によってマネジメントすることが妥当なのか**ということを問うべきでしょう。

テンニース（１８８７：１００以下）によれば、前近代社会（Gemeinschaft）は「活動（Thätigkeit）に内在している」本質意志（Wesenwille）の一致に基づいているのに対して、近代社会（Gesellschaft）は、思考によって生み出される選択意志（Kürwille）の一致に基づいています。前近代社会では身体的な活動が他者と共有されていて、そこにその社会を維持する意志が保持されていたのに対して、近代社会では活動や身体から自由になった思考が生み出す意志によって社会が維持されることになります。これらから二つの点を指摘できます。第一に、思考の自由は、身体という物理的な制限を超えて、ある意味では無限に広がる可能性をもったということです。第二に、無限に広がる思考によって導かれる選択意志はテンニース（１８８７：47）がいうようにフィクション[2]にほかならないということです。

前近代社会であれば、自己形成を導く見通しは社会のなかに活動や身体を通じて現れていました。ですから、徒弟制のように長い時間がかかるプロセスにおいても見通しを強固に保つことができました。しかし、思考によって見通しを立てることが求められるようになると、見通しが多様でかつ曖昧になっていくだけでなく、それを実現していく道筋も不確実なものになっていくため、そのプロセスを合理的に進めることが求められるようになります。そのうえ、それらの妥当性の検証もそれぞれの個人に要求することになっていきました。

ギデンズ（２００５：５）は、後期近代社会、すなわち１９７０年代以降の現代社会において、自己のアイデンティティが「自己の再帰的プロジェクト（reflexive project of the self）」として組織され、存在不安をもたらすようになったと指摘しました。自己の再帰的プロジェクトとは思考によって自己を導いていくことと同義と捉えられますが、その結果、生涯を導く参照軸を社会のなかで確保できなくなったため、存在不安が生じることになりました。さらには、社会的な問題でさえ、自己の心性（心の持ち方）の問題として捉えられるようになり、存在不安は一層加速します。

この指摘はさらに二つの問題に接続します。第一に、思考としての自己の自由は、活動や身体から離脱することから生じているため、活動や身体が所在している社会とのつながりを希薄化させることになりました。第二に、参照軸が不安定になると、自己形成のプロセスはその都度的で不連続的なものとならざるをえません。その結果、人生や生涯といった時間軸が私たちから奪われていきます。[3]

(3) 当事者性という問題圏

これらの問題を生み出す主体性の思想を乗り越える道筋を、本稿では、**当事者性**に見出したいと思います。ここでいう当事者という言葉は、北海道の「浦河べてるの家」で2001年から行われてきた当事者研究で用いられているものを指します。簡略化すれば、**当事者研究とは、当事者自身が抱える「苦労」を対象化しつつ「研究」する営み**です（浦河べてるの家2005参照）。当事者は、当事者研究を通じて、「自分が苦労の主人公になる」という体験を経て、自己自身を回復していきます。当事者研究の思想的背景について、石原（2017：51以下）は、1970年代以降の精神医学領域での動向から、consumer-survivor（ex-patient）運動とrecoveryの思想を見出しています。前者は、患者という呼び方を拒否し、消費者もしくはサービスユーザーと呼ぶことで、その権利を保障しようとするものです。[4] 後者については、ディーガン（1988：11）が「障害という境界の内外で、自己や目的の意味を回復すること（recovering）」と述べたことに象徴されるように、障害の克服だけを回復《リカバリー》と見做すのではなく、回復《リカバリー》の意味を当事者自身が決定できるとするものです。ただ、浦河べてるの家の当事者研究は、これらの思想だけでなく、「「苦労」などのネガティブな表現にフォーカスするところに特徴がある」（石原 2017：52）[5]と指摘されています。ここには、自己をありのまま受け入れて回復《リカバリー》しようとする意図を見出すことができます。思考と身体に分断された自己は、自己の思考によって自己自身を疎外していきます（走井 2014参照）。当事者研究はこうした自己疎外を回復《リカバリー》するものとして機能していたと考えることができます。

こうした当事者研究は、精神医学領域にとどまらず、多方面での当事者研究を触発することになりました（熊谷編 2017参照）。中西ほか（2003：2以下）は「ニーズに応じて、人は誰でも当事者になる可能性を持っている」と指摘しています。ここでの**ニーズは、問題を生み出す社会のありようとのズレにつくりだされる**ものであって、当事者はそのズレを埋めるべく新たな社会を構想し、協同していくことになります。

3　コミュニティベースで考えるということ

(1)　コミュニティと当事者性

コミュニティ（community）は多義的な言葉ですが、ラテン語のcommunitas（共有（共同）

の状態）が原義であることから、**何らかのものが共有されている**と考えられます。広井（２００９：11）はコミュニティを「人間が、それに対して何らかの帰属意識をもち、かつその構成メンバー間に一定の連帯ないしは相互扶助（支え合い）の意識が働いているような集団」と暫定的に定義していますが、これだけであれば、近代社会の綻びを前近代社会へと回帰することで解決しようとしていると受け止められかねません。ウェンガーほか（２００２：33以下）も、コミュニティの実践《コミュニティ・オブ・プラクティス》を「太古の昔から続く、人類初の知識を核とした社会的枠組《ソーシャル・ストラクチャー》」としています。確かに、人類が協力的に集団を構成してきたことはよく知られています（走井 ２０２１：２１１以下参照）。しかし、そのように受け継がれてきたものや、逆に思考によって生み出されたもののみに帰属と連帯の意識をもつのであれば、前近代社会、近代社会のいずれかに帰着するということになりかねません。

　本稿では、当事者性に注目してきましたが、その観点からすると、**コミュニティにおいて共有され、帰属と連帯の意識を生み出すものは、ニーズでなければなりません。**当事者となるのは、問題を生み出す社会との間にズレが生じ、そこにニーズを見出すからでした。ですから、伊豫谷ほか（２０１３：23）が「この社会でのコミュニティ再生は、「価値観の共有」というよりもむしろ「問題状況の共有」によって特徴づけられる」と指摘しているのは、的を射ています。生涯を超えて価値観を共有するような前近代的社会とは異なり、また思考によってつくられたフィクションを共有する近代社会とも異なり、**問題状況を共有し、そこにニーズを見出し、協同を生み出す実践の場をコミュニティと呼びたい**と思います。

(2) コミュニティ・オーガナイジングという手法

ニーズを共有した当事者によって構成されるコミュニティは所与のものとして成立しているわけではなく、既存の資源を活用しつつも、何らかの仕方で構成していく、ことが必要になります。そうした営みの一つとして指摘できるのが、**コミュニティ開発**（**CD**）です。CDの先行研究をレビューしたギルクリストほか（2011, 2016²:9）によると、CDを「より高いレベルの社会正義の達成に向けて、コミュニティの人々と協働するための幅広いアプローチ」としていて、多分に教育的なアプローチということができます。

以下ではCDの一つとして位置づけられる**コミュニティ・オーガナイジング**（**CO**）に注目します。COは1940年にアリンスキーによって提唱され、アメリカの公民権運動の嚆矢をなすモンゴメリー・バス・ボイコット事件（1955年）やイギリスでの生活賃金キャンペーン（2003年）などを導いてきた手法です（ボルトン 2020：17ほか参照）。広範な実践を含むCDのなかでCOは長く用いられ、その成果と検証を経て、実践可能な方法として洗練されてきました。ここでは生活賃金キャンペーンを主導したボルトン（2020）に依りながら、その概要を見ていきましょう。

ボルトンは、パワーと自己利益をCOの原則としています。たとえ正しいことだったとしてもパワーがなければ実現できないという現実に冷徹な目を向けるとともに、その正しさは自己利益に基づくことを強調しています。自己利益は公益に対立するものとして忌避されることもありますが、彼は、**自己利益は自己生存欲求に基礎づけられるもので、私たちの行為を動機づける**としています。自己利益は冒頭に述べた利己性に基づくものですから、行為に結び付くことも首肯できるところです。そして、この自己利益はコミュニティを構成する基礎をなしていたニーズにほかなりません。そうした自己利益のなかから共通するものを見出し、コミュニティを構成する必要があります。そのために、ボルトンは**自己利益を個人の物語《ストーリー》として語る**ことを求めます。私たちは他者の物語《ストーリー》に対して強く共感をもつことが知られています（cf. Västfjäll et al., 2015)。物語《ストーリー》として語られることで共感が生じ、共通の自己利益が見出される可能性が開かれます。ここではじめて自己利益が利己性を超えて当事者性に基づくものとして再定位されることになります。

4　コミュニティベースで構想する道徳教育の可能性

(1)　当事者性、コミュニティベースで考えることで見える道徳教育の課題

道徳の教科化はいじめ対策の一つとして生じたもので、そのいじめ対策として個々の子どもたちの道徳性の育成を求めていました。これは個人の心性に社会問題の原因を見出す思考様式そのものであるといってよいでしょう。翻って考えてみると、道徳教育そのものもまた、主体性と当事者性の間で揺れ動く中途半端さをもっているといわざるをえません。道徳教育は行為を支える道徳性を育成するものとして位置づけられていますが、道徳教育で扱われてきた道徳性が行為を促すのかどうかの検証は十分に行われず、両者の結び付きを明らかにしないまま、思考や心情に強く依存する道徳性を高めることを目指してきました。思考や心情ばかりが強調されてきたため、当事者性や自己利益にかかわっておらず、ニーズも考慮されていません。そうした学習が無意味だとはいいませんが、それでも、小学校、中学校の9年間という膨大な時間を費やす価値があるのかを問う必要があるのではないでしょうか。

道徳的価値は公益に資するものであると考えられます。ただ、公益は自己利益から導かれ

たものでなければなりません。というのも、公益が私たちの生活している社会に関わるものである限り、**そこに属する人たちの利益になることが求められる**からです。自己生存欲求を基礎とする自己利益に忠実に、なおかつそれらに共通の利益を見出すのであれば、自ずと公益となるはずです。ですが、当事者性を度外視して道徳的価値を扱うことは、結局、自己利益と公益としての道徳的価値の矛盾を生み出し、自己利益を犠牲にすることを強要することにはならないでしょうか。

⑵　コミュニティベースで構想する道徳教育の可能性

子どもたちの当事者性を出発点とし、彼らの話し合いによって共通する自己利益を探すこと、これがコミュニティベースで構想する道徳教育の基本です。そのためには、**個々の子どもの物語《ストーリー》を基盤とした道徳の授業**が求められます。ただ、当事者性はその人に関わるものですから、人間の普遍性を前提として実施されてきたこれまでの道徳の授業とはまったく異質なものです。ここでいう物語《ストーリー》は単なる生活経験ではなく、ニーズが表れたものです。物語《ストーリー》をもとに対話によって共通の自己利益を見出し、それにどのように向き合うのかを考えることを通じて、道徳的価値やルールが紡ぎ出されることになります。

そのため、現在の道徳教育が意図しているような道徳的価値を系統的に扱うという枠組みそのものも再考することが求められています。道徳教育は、1989年告示学習指導要領以降、系統性・計画性を強めてきました。[6] 私たちの自己利益はそうした合理化によって生み出された問題から生じたニーズであることをここまで確認してきました。とすれば、教材からはじめるのではなく、子どもたちの物語《ストーリー》からはじめる道徳の授業が構想される必要があります。

ただ、そうした物語《ストーリー》に示された自己利益は個々の欲求に基づくものになってしまうのではないかという危惧もありうるでしょう。確かに、自己利益から公益が紡がれるといっても、自己利益は利己性に基づくため、利益の対立や少数者の排除を生み出すこともあります。しかし、**それらを超えて共通する利益が見出されたとすれば、それは公益であると考えるべき**でしょう。そうした対立や排除は起こりうる問題であるとともに、乗り越えられるべきものでもあります。そのため、それらへの向き合い方を早い時期からトレーニングすることが必要です。[7] そうだとすれば、これまでの、そして現在の道徳教育の枠組みそのものを再考し、新たな道徳教育の枠組みを見出そうとすることも必要であると考えています。そして、その際に求められる教師の在り方も異なったものとなることはいうまでもありません。ただ、紙幅が尽きましたので、それらについては改めて検討することとしたいと思います。

注

1　当事者性を、当事者研究の文脈から捉えて、教育に生かそうとする研究もあります。例えば、河野（2017：58）は「当事者研究の考えは、押し着せられた発達から子ども本人による自律的な学びへの転換を促すという点において、大きな意義をもちうる」としつつ、とりわけ障害のある子どもたちの教育にとって有効であるとしています。ただ、本稿では、当事者性を、当事者研究に端を発したもののとして捉えつつも、コミュニティベースでの社会的実践に目を向け、それをもとに道徳教育の在り方に問題提起を行うことを目指しています。

2　フィクション（Fiktion）は思考によって生み出されたもので、「虚構」といってよいのですが、だからといって、近代社会においてはそれを除いて統一された意志を構成できないところに特徴があります。

3　ギデンズ（2005：58）が、「時間がばらばらな瞬間として理解されることがある。このとき、それぞれの瞬間は先立つ経験とそれに続く経験を切断するために、継続的な「物語 narrative」が維持できない。」と指摘しているように、歴史意識の喪失が現代社会の私たちが抱える課題の一つと捉えられます。そして、後に触れる当事者研究は「歴史性の取り戻し作業へのお手伝い」（向谷地ほか 2006：38）であり、コミュニティ・オーガナイジングも個人の物語《ストーリー》の捉え直しであるといえます。

4　石原（2017：51）はさらに、「consumer-survivor 運動には、精神障害を経験した人のほうが、精神障害やよりよいサービスについてよりよく理解できる、という考え方が含まれている」としています。

5　例えば、「弱さの情報公開」、「苦労を取り戻す」（向谷地ほか 2006）等の言葉が象徴するように、ネガティブな言葉に焦点化している様子を見て取れます。

6　1977年告示小学校学習指導要領では、指導計画について「固定的なものと考えず、必要に応じて計画に弾力性をもたせる」と記載しており、１９８９年告示小学校学習指導要領でも同様の記載を残す一方、内容を四つの視点と学年段階で分類、重点化しました。さらに、１９９８年告示小学校学習指導要領で計画の弾力性についての言及がなくなり、「計画的・発展的な指導」が謳われ、２００８年告示小学校学習指導要領において「各学年段階ごとの内容項目は相当する各学年においてすべて取り上げること」と明記され、現在に至っています。

7　このトレーニングでもう一点重要になるのは、物語《ストーリー》・リテラシーを身に付けることです。物語《ストーリー》は利己性に基づく自己利益の発露でもあります。ですから、それらから共通の自己利益を見出していくには、共感しつつもその妥当性を冷静に判断できることも求められます。これは現在の道徳科の教材に対しても発揮しなければならない力ですが、この点は別稿を期したいと思います。

参考文献

ボルトン・M（２０２０）『社会はこうやって変える！―コミュニティ・オーガナイジング入門』藤井敦史・大川恵子・坂無淳・走井洋一・松井真理子訳、法律文化社

中央教育審議会（２０１４）「道徳に係る教育課程の改善等について（答申）」、https://www.mext.go.jp/b_menu/shingi/chukyo/chukyo0/toushin/__icsFiles/afieldfile/2014/10/21/1352890_1.pdf、２０２２年７月22日最終確認

中央教育審議会（２０１６）「幼稚園、小学校、中学校、高等学校及び特別支援学校の学習指導要領等の改善及び必要な方策等について（答申）」、https://www.mext.go.jp/b_menu /shingi/chukyo/chukyo0/toushin/__icsFiles/afieldfile/2017/01/10/1380902_0.pdf、２０２２年7月22日最終確認

デカルト・R（落合太郎訳）（1967）『方法序説』岩波書店
Deegan, P. E.（1988）"Recovery: The Lived Experience of Rehabilitation", *Psychosocial Rehabilitation Journal*, Vol. 11, pp.11-19
Gilchrist, A., Taylor, M.（2011, 2016[2]）*The short guide to community development*, second edition, Policy Press.
ギデンズ・A（2005）『モダニティと自己アイデンティティ―後期近代における自己と社会』秋吉美都ほか訳、ハーベスト社
走井洋一（2014）「生の全体性とキャリア形成」『教育思想』第41号、東北教育哲学教育史学会、1～16頁
走井洋一（2017）「子どもの道徳性の発達に応じた道徳教育―「わたしたち」の範囲とその拡大にもとづく道徳教育の可能性」『道徳と教育』335号、日本道徳教育学会、15～25頁
走井洋一（2021）「進化論・脳科学と道徳教育」道徳教育学フロンティア研究会編『道徳教育はいかにあるべきか』ミネルヴァ書房、207～225頁
走井洋一（2022）「道徳教育を基礎づける新たな社会像の構想」道徳教育フロンティア研究会編『続・道徳教育はいかにあるべきか』ミネルヴァ書房、116～124頁
広井良典（2009）『コミュニティを問いなおす―つながり・都市・日本社会の未来』ちくま新書、筑摩書房
石原孝二（2017）「当事者研究の哲学的・思想的基盤」熊谷晋一郎編『みんなの当事者研究』臨床心理学増刊第9号、金剛出版、51～55頁
伊豫谷登士翁ほか（2013）『コミュニティを再考する』平凡社新書、平凡社

河野哲也（２０１７）「当事者研究と「教育学」」熊谷晋一郎編『みんなの当事者研究』臨床心理学増刊第9号、金剛出版、56～60頁

熊谷晋一郎編（２０１７）『みんなの当事者研究』臨床心理学増刊第9号、金剛出版

向谷地生良・浦河べてるの家（２００６）『安心して絶望できる人生』生活人新書、ＮＨＫ出版

中西正司・上野千鶴子（２００３）『当事者主権』岩波新書、岩波書店

ルソー・Ｊ・Ｊ（１９５４）『社会契約論』桑原武夫・前川貞次郎訳、岩波文庫、岩波書店

Tönnies, F. (1887) Gemeinschaft und Gesellschaft, Fuse's Verlag.（＝テンニエス『ゲマインシャフトとゲゼルシャフト―純粋社会学の基本概念（上・下）』杉之原寿一訳、岩波文庫、岩波書店、１９５７年）

浦河べてるの家（２００５）『べてるの家の「当事者研究」』医学書院

Västfjäll D., Slovic P., Mayorga M. (2015) "Pseudoinefficacy: negative feelings from children who cannot be helped reduce warm glow for children who can be helped." Front Psychol, 6, DOI: 10.3389/fpsyg.2015.00616

ウェンガー・E、ほか（２００２）『コミュニティ・オブ・プラクティス』野村恭彦監修、櫻井祐子訳、翔泳社

本稿は、ＪＳＰＳ科研費１７Ｋ０４５７９の助成を受けたものである。

エージェンシーを育てる道徳教育
―ウェルビーイングの社会を目指して―

荒木寿友

先細りしていく日本社会

未来を「予言する」ことはほぼ不可能ですが、何かしらのデータに基づいて「予測する」ことは可能でしょう。その中でも最も信憑性が高いとされるのが、人口動態です。2022年、世界の人口は80億人を突破するといわれています。その一方で、日本は1970年に1億人を超え緩やかな上昇を続けていましたが、2008年を境に減少しています。とりわけ、日本において問題視されているのが、少子高齢化社会がますます強まっていくことです。『令和4年版高齢社会白書』によれば、2021年の65歳以上の高齢化率は28.9%であり、2040年には35.3%になる見込みとなっています。なんと3人に1人が65歳以上の社会になるのです。日本の人口そのものは2053年頃には1億人を下回り、2065年には8千万人台に突入するという予測がなされています。

高齢者が増加し、それを支える労働者人口（現役世代）は減っていく、それがこの先の日本が辿る道です。たとえば1950年は65歳以上の高齢者1人を12人の現役世代が支えていたのに対して、2020年には高齢者1人に対して現役世代2・1人が支えることになっています。この傾向は今後も続き、2065年には1・3人の現役世代で高齢者1人を支えることが予測されています（令和4年版高齢社会白書）。

さて、国の人口が減ることは、マーケットが小さくなることを意味します。日本という国全体で見れば、労働人口の減少は国家としての生産性の減少に直結するし、それはすなわち、GDP成長率はよくて横ばいかマイナスになることを意味しています。労働者が増えない中では所得税や法人税といった税収の増加は見込めるわけがなく、その一方で、高齢者の増加によって社会保障費はますます膨れ上がってきます。人口の減少と少子高齢化社会、それに伴う財政上の危機はもはや避けようがないといえるでしょう。

そのような現実が待ち構えているのであれば、外国人労働者についても積極的に考えていかねばならないでしょうし（もっとも外国人労働者が魅力的な「職場」として日本を選んでくれたらの話ですが）、そうなれば外国人とどのように関係性を築いていくのかも喫緊の課題であるといえます。つまり、異文化との共存のあり方を考えていかねばなりません。

さて、未来に訪れる危機はこれだけではありません。日本という地理的な環境を鑑みれば、自然災害がもたらす危機も視野に入れておく必要があります。

必ずやってくる自然災害

世界は今、地球温暖化の影響によって異常気象に見舞われています。IPCC（国連の気候変動に関する政府間パネル）によれば、このまま温暖化に対する何の対策もしないならば、2100年には気温が4度上昇するとされています。『地球に住めなくなる日』の著者であるウェルズは、気温の上昇によって、世界的な水不足、熱波による死者の増大、地球規模での食糧不足、森林火災の増加、海水面の上昇による都市の浸水、食料や水不足による紛争の増加をあげています（ウェルズ2020）。2022年の夏を見ても、ヨーロッパでは猛烈な熱波に見舞われ、多数の死者を出しただけではなく、至るところで大規模な山火事が発生しました。

わずかこの数年を見ても、日本の夏の気象が異様であることは多くの人が気づいていると思います。「線状降水帯」という言葉も一般的に使われるようになり、毎年日本各地に被害をもたらしています。また海水温の上昇により台風も大型化しやすくなっており、2018年9月の台風21号が近畿地方に大きな被害をもたらしたことは記憶に新しいでしょう。

しかし、これ以上に甚大な被害をもたらすのが地震です。日本の地震調査研究推進本部によれば、今後30年の間に70％～80％の確率で南海トラフ地震、70％の確率で首都直下型地震が起きるとされています。多くの人命が失われるだけではなく、建物や資産、インフラ、ライフライン等が大きく損壊することが予想されており、日本に大きな経済的ダメージをもたらすことは間違いないといえます。

以上、日本の近い将来を「予測」してきました。人口が減少する中で高齢者が増え、経済が停滞するだけではなく、自然災害も高い確率で生じる――これが向こう20～30年間に生じることが予測される大変暗い未来です。そのような世の中を生き抜いていくために、どのような教育が求められるのでしょうか。成毛は「国を忘れること」（国を頼ったり国を変えようとしないこと）を提唱し、これからの時代、厳しい環境にどのように適応しながら生きていくのか考える必要性を述べています（成毛２０２１）。ただ、成毛はこれ以上のことを論じているわけではありません。そこで残りの紙面を使って、ＶＵＣＡと呼ばれる厳しい時代を生き抜いていく教育のあり方と道徳教育の役割を考えてみます。その際キーワードとなるのが、**「エージェンシーを育てること」「境界を越えていくこと」**、そして**「ウェルビーイング」**です。

エージェンシーを育てる

２０１５年からＯＥＣＤが主導している Future of Education and Skills 2030 プロジェクトは、その名の通り２０３０年に向けた教育の方向性を示しています。子どもたちの知識(knowledge)、スキル（skills）、態度及び価値（attitudes and values）を発達させる中で、「よりよい未来の創造に向けた変革を起こすコンピテンシー」（新しい価値を創造する力、対立やジレンマに対処する力、責任ある行動をとる力）を備えていく必要性を唱えています（ＯＥＣＤ ２０１９ａ）。それを体系的に表したのが、ＯＥＣＤラーニング・コンパス（学びの羅針盤）２０３０です（図1参照）。「コンパス」というのは比喩的な表現ですが、教師や大人が生徒に進むべき道を示すといった従来の教育からの脱却を図るべく、生徒が自らコンパスを持って未知なる環境を歩き、望ましい社会（ウェルビーイング 2030）の実現に向けて進むべき方向性を見出していくことを表しています。つまり、生徒が学びにおける「主役である」ことを強調しているといえるでしょう。

先にも述べたように、日本や世界は今後混沌とした中を進んでいかねばなりません。その状況下では、どこかの誰かが唯一の道を示してくれるわけではなく、子どもたち一人一人が協働しながら進むべき道を探っていく必要があります。この子どもの「当事者性」「主役性」を表した言葉が、**エージェンシー（agency）**です。

エージェンシーとは、「変化を起こすために、自分で目標を設定し、振り返り、責任を持って行動する能力」と定義されています（OECD 2019a）。「変化を起こすため」という言葉からわかるように、ここにはすでにある社会を維持していくという視点ではなく、社会を変革していくという「形成者」「創り手」の視点が組み込んであります。このエージェンシーは児童・生徒一人に負わされるものではなく、仲間や親、教師や地域社会といった共同エージェンシーとの関わりの中で育まれていきます。白井は次のように述べています。「エージェンシーとは、単に個々人がやりたいことをやることではなく、むしろ、他者との相互のかかわり合いの中で、意思決定や行動を決めるものである。（中略）他者や社会との関係性があるからこそ、自分だけの考えに陥らないようにしたり、自らの行動を社会的な規範に照らして律

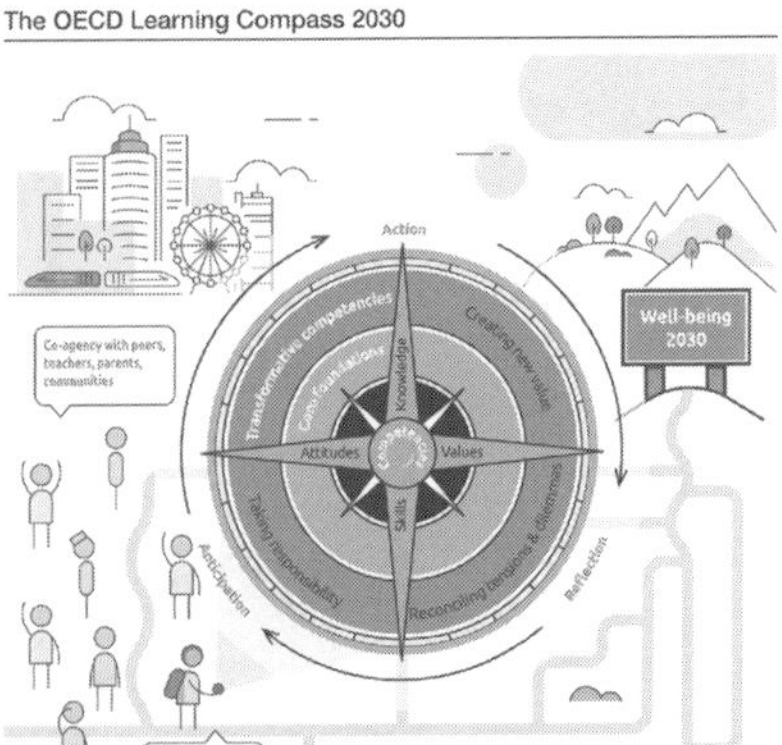

図１：OECD Learning compass 2030
出典：OECD 2019a

するなど、『責任』ある行動につながってくるのである」（白井2020：86）。つまり、エージェンシーは単に主体性を発揮するという意味ではなく、**他者や社会との関わりの中での自分の進むべき道や方向性、あり方を探っていくこと**であり、そこにおいて倫理的な側面が出現するといえます。

となると、生徒がエージェンシーを発揮する際に、「どのような変化を起こすのか」という点は再度留意しなければなりません。なぜなら、個人的利益や衝動を充足させるためにエージェンシーを発揮することも可能ですし、企業や国家の偏狭な利益に基づいてエージェンシーを発揮することもできるからです。そうならないために、「態度及び価値」がコンピテンシーの中核的な基盤として設定されていますが、エージェンシーの倫理的な側面を強調するために**「モラル・エージェンシー」**を発揮していくことは、改めて重視しなければならないでしょう（荒木2022）。モラル・エージェンシーとは、望ましい善い変化をどのように起こしていくのかということについての倫理的基盤を有したものです。

では、エージェンシーを発揮する子どもたちを育てていくために、私たちに何ができるのでしょうか。その一つのアプローチが**「境界を越えていくこと」**です。

境界を越えていくこと

越境学習を提唱する石山は、企業における人材育成といった経営学の観点から、越境を「個人にとってのホームとアウェイの間にある境界を越えること」（石山２０２２：12－13）とし、越境学習の境界を「内部労働市場」「実践共同体」「キャリア」という3種類に分け、それぞれの領域を越えていくという行為が学習を生起するとしています（石山２０１８：61）。本稿では、石山の捉え方に依拠しつつも、境界を越えるという意味をより広い概念として捉えたいと思います。すなわち、**文化的・社会的諸要素から構成される自分自身から、物理的・精神的に越境していき、そこから再び自己を見つめる中で新しい枠組みを形成していくこと**です。たとえば、それは、国境、人種、文化、職種等だけでなく、自分の思考の枠組みを超えていき、新しい自分に出会うことを意味します。自己を形成するさまざまな文化的・社会的諸要素をメタ的に捉えて、その枠を超えることによって、自己の経験を再構築していこうとする試みを、「境界を越える」と捉えます。

境界を越えていくことによって、自己の内部には何が生じるのでしょうか。それは慣れ親しんだ環境から離れることによる「違和感」です。この違和感こそが、思考の出発点であり、成長・発達の起爆剤となります。たとえば、デューイ（J. Dewey）は『論理学：探究の理論』という書物の中で、以下のように述べています。探究とは「不確定な状況を、確定した状況に、すなわちもとの状況の諸要素をひとつの統一された全体に変えてしまうほど、状況を構成している区別や関係が確定した状況に、コントロールされ方向づけられた仕方で転化させることである」（デューイ1968：491-492）。つまり、探究の出発点は不確定な状況が生じることであり、もやもやとすること、すっきりとしないこと、わからないこと、なぜ？　どうして？　といった違和感がもたらす**不確定な状況**が、探究には必要になるのです。

認知発達の観点から道徳性の発達を提唱したコールバーグ（L. Kohlberg）は、認知的不均衡を意図的に作り出すことによって発達を生じさせようと試みました。認知的不均衡、つまり従来の物事の捉え方では解決できないような不安定な状況に置かれると、その不安定な状況から脱するために私たちはさまざまな思考を巡らせ始めます。コールバーグにとって発達とは、道徳判断の思考形式がより安定した状況になることであり、判断の普遍性が増大することです。また、コールバーグの道徳性発達理論において、重要な役割を担っているのが「役割取得」（role-taking）能力です。これは他者の立場に立って物事を考える能力ですが、役割取得する対象の範囲が拡大していくこと、また対象がどのように考えているのか深く洞察することという、「役割取得の拡大と深化」が道徳性発達には大きく関わっています。**より多くの他者の立場に立って、より多くの他者が合意できると推測される考えを導き出していくことが「均衡」状態であり、不均衡から均衡に変化していくことが発達**なのです。

デューイとコールバーグの理論的基盤はもちろん異なりますが、両者が思考や発達の源泉に不安定な状況を置いていることは非常に興味深いといえます。「境界を越える」ことによって違和感を意図的に作り出す試みは、成長・発達の必要条件になるのです。

しかしながら、本章における「境界を越える」には、コールバーグ理論以上の意味を持たせています。コールバーグの場合、役割取得能力はあくまで頭の中で他者の立場を想像するという「思考実験」の域を出ていませんが、国境や文化を超えて異なる人々と交流することは、具体的他者を念頭に置きながら役割取得することになります。つまり、遠い世界の架空の人物を想像して役割取得するのではなく、**自分とは「異なる世界」に住んでいる固有名詞を持った他者との具体的なやり取りの中で**、役割取得することにつながるのです。別の言い方をすれば、頭の中に異なる文化的背景を持った他人が住んでくれて、自己の考え方の「硬い部分」を解きほぐしてくれるのです。外国人労働者が増えてくるかもしれないという近い未来において、彼らと接することも「境界を越える」契機になってくるでしょう。

未知と出会うことが日常になる世の中において、自分の生活圏や殻に留まり続けることは難しいでしょうし、過去の経験に頼り続けることは得策ではありません。今から30年ほど前、1990年前後には世界時価総額ランキング上位に日本企業が名を連ねていましたが、2020年には日本企業はほぼ見当たりません。過去の成功体験はもはや何の意味もなさないといえます。越境することによって自分自身を見つめ常にアップデートしていく、そうすることで私たちが進むべき方向を示す「コンパス」の精度を上げていかねばなりません。

歴史学者のハラリ（Y. N. Harari）は、自分が何者であるのか、何を欲しているのか、どう進みたいのか、といった自己に対する認識を深めていかないと、今後は高度化されたＡＩのアルゴリズムによって全て決定されてしまうことを指摘しています（ハラリ２０１９）。今でもインターネットの検索履歴や購入履歴から勝手に「おすすめ」が提示されますが、この傾向がますます強くなっていく中で（たとえば自分の今後の生き方そのものを提示してくる可能性がありますね）、自分による自分自身の支配権を維持したいのであれば、自分の行動履歴等から導かれるアルゴリズムよりも先に意思決定する必要があります。越境することによって自分自身を見つめ、自己認識を深めることは、自分の生き方を自分でコントロールすることにもつながります。

望ましい変化としてのウェルビーイング

さて、越境し、自己を見つめ、自己をアップデートすることと、望ましい変化を起こすことはまた別の話です。望ましい変化とは何か、世界や社会とどうつながっていくかということも考えていく必要があります。その際、一つの参考になるのが、先にも示したＯＥＣＤのFuture of Education and Skills 2030プロジェクトにおける教育目的としてのウェルビーイング（well-being）という考え方です（ＯＥＣＤ ２０１９ａ）。図1を見てもわかるように、このプロジェクトでは、何のために生徒がエージェンシーを発揮するのかという目的を明確化しています。それは**「個人と社会のウェルビーイング」**を目指すためなのです。個人のウェルビーイングは、仕事や収入といった単なる経済的な豊かさだけではなく、「ワーク・ライフ・バランスや教育、安全、生活の満足度、健康、市民活動、環境やコミュニティのような生活の質（Quality of life）」（ＯＥＣＤ ２０１９ａ）も加えられています。一方、社会のウェルビーイングに関しては、「経済的資本、人的資本、社会関係資本、および自然資本」が含まれています。個人と社会のウェルビーイングの相互還流によって、ウェルビーイングそのものがより豊かになっていくといえるでしょう（ＯＥＣＤ ２０１９）（図2参照）。またここには、人間自身が地球の生態系（エコシステム）の一部であり、人間だけではなく生態系全体のウェルビーイングを考えていくという思想的な背景もあります。

　このウェルビーイングを、生徒が学校生活を送る上での文脈に置き換えてみると、どうなるでしょう（白井２０２２）。たとえば「ワーク・ライフ・バランス」は、生徒の学校生活と余暇の関係に置き換えることができるでしょうし、「市民参加とガバナンス」は生徒会活動や学校への参画に当てはめることができます。「生活の安全」は学校におけるいじめや体罰の問題と重ね合わせることもできます。個人と社会のウェルビーイングを達成していくという非常に大きな視点から

図２　OECDにおけるウェルビーイング測定枠組み
出典：OECD　2019a

教育を考えるのは難しいかもしれませんが、**学校教育に置き換えて、具体的な視点から**生徒自身が思考を働かせていくことは可能です。まずは、ウェルビーイングの視点に基づいて、自分たちの学校生活に変化を起こすという取り組みをすることができるでしょう。

では、なぜ教育は個と社会のウェルビーイングを目指していく必要があるのでしょうか。OECDはその名が示す通り、そもそもは各国の経済開発を目的として設立された国際組織です。しかし、GDP成長といった経済的発展のみが人々の幸福（ウェルビーイング）を示すわけではなく、逆に経済的発展の裏で自然環境の破壊や貧困層からの搾取といった「持続不可能な世の中」を生み出し、地球規模での問題が顕在化してきました。単なる経済的発展だけではなくさまざまな側面からの「包括的成長」を視野に入れる必要性が出てきました。その包括的成長を測る枠組みがウェルビーイングの指標なのです。

OECDは『OECD幸福度白書4』において、幸福（ウェルビーイング）の不平等を取り上げています（OECD 2019b）。そこにおいて、OECDは「何の不平等か」「誰の間の不平等か」「不平等と剥奪」「成果か機会か」といった観点から幸福の不平等を検証していますが、幸福の不平等によって「社会的障壁」ができあがること、他者とのつながりが妨げられるといったことが、政治的社会的不安定の火種になることを指摘しています。SDGsの主文である2030アジェンダにおいて「誰ひとり取り残さない（leave no one behind）」ということが公約としてあげられましたが、まさにこの考え方が、ウェルビーイングを考えていくにあたっては重要になってきます。誰かのためだけのウェルビーイングではなく、**個人と社会の双方の観点からウェルビーイングをいかにして達成していくのか**、常にそれを意識した取り組みが必要になります。学校教育で私たちは多くのことを学んできましたが、その学んだことを自分個人の利益に還元していくのではなく、よりよい社会の実現に向けて還元していくという発想が、ウェルビーイングの核となる考え方なのです。

これまでの日本の道徳教育では、教育内容として幸福（ウェルビーイング）が扱われたことはありません。よく似た内容として、「よりよく生きる喜び」が考えられますが、これは、人間が弱さと強さを併せ持つ存在であることに気づき、人間として生きることに喜びを見出す内容となっており、よりよく生きるとはどういうことなのか、つまり幸福とは何か、幸福に生きるとはどういうことか、ということを扱う内容ではありません。道徳科の目標においても、道徳的価値を自分との関わりの中で捉えていく学習活動は述べられているものの、変化を起こすエージェンシー、社会の形成者としての視点は見出せません（荒木２０２２）。

しかしながら、２０１７年告示の学習指導要領には、幸福（ウェルビーイング）の視座が見られます。この学習指導要領には次のような「前文」が設けられました。「これからの学校には、（中略）一人一人の児童（生徒）が、自分のよさや可能性を認識するとともに、あらゆる他者を価値のある存在として尊重し、多様な人々と協働しながら様々な社会的変化を乗り越え、豊かな人生を切り拓き、持続可能な社会の創り手となることができるようにすることが求められる」。ここには、「豊かな人生」という個人のウェルビーイングと、「持続可能な社会」という社会のウェルビーイングの双方が記載されており、かつ「創り手」というエージェンシーの視点も含まれています。

以上から、今後の学校教育はウェルビーイングの達成を方向目標として明確に設定し、道徳教育、そして道徳科においては、まず目標においてよりよい社会の形成者、創り手となっていくことを明記する必要があります。また、特別活動と道徳教育の連携を密にすることによって、学校生活における生徒のウェルビーイングをいかに達成していくのかについて、生徒自身がアクションを起こしていくことが可能になるでしょう。道徳科においては、AからDへと同心円的に広がっていく内容項目の排列ではなく、ウェルビーイングを中心とした内容項目のスリム化と再構造化が求められます。さらには新たな教育方法として（発達年齢を考慮すれば小学校高学年くらいから）、越境することによって自己を見つめ自己の経験を再構造化していくアプローチを考案していくことが考えられます。総合的な学習（探究）の時間は、教科横断的に物事を捉えることができるため、生徒が「思考力、判断力、表現力」といった能力をもっとも発揮しやすいといえますが、そこにおいても「ウェルビーイングを達成するために探究を行う」という視点を取り入れていくことができます。ウェルビーイングを中核においた道徳教育、学校教育が、今後目指すべき姿であるといえます。

望ましい未来に向けた大人の役割

これから未来を創っていく子どもたちに対して、これまで述べてきた取り組みを私たち大人は提供することができます。では、逆に、子どもたちに対して、何をしてはいけないのでしょうか。たとえば、成毛は「新しいテクノロジーが出たとき、世の大多数は否定的である。それを大衆という」と述べ、「テクノロジーを大衆は最初にバカにする。19世紀にダイムラーが自動車を作ったときも、20世紀に入りライト兄弟が飛行機を発明したときも、大衆はその価値に気づかなかった。しかし、『そんなバカな』ことを実現しようと信じて取り組んできた人々が歴史をつくってきたのだ」(成毛２０２１)と続けます。私たち大人が、エージェンシーを発揮していくよう子どもたちを鼓舞し続けたり、あるいは発揮した子どもたちを応援したりすることができるのか、それとも子どもたちに否定的意見を投げかける「大衆」に成り下がるのか、それは私たち次第なのです。

ただ、少なくともいえることは、越境しようとしない大人、自己洞察しない大人、思考を働かせない大人は、子どもたちの邪魔になるということです。良かれと思って提供される教育やアドバイスが、狭い了見や見識の中で形成されたものであるならば、それは決して子どもにとって最善のものになるとはいえません。武田も大人によるマルトリートメントを防ぐために大人が自分の教育や子育てを再考し価値観を吟味する必要性を述べていますが（武田2021）、**大人も常に自己洞察によってアップデートしていかねばならない**のです。

以上のことを考えるにあたって、「重いランドセル問題」を取り上げてみましょう（白井2020）。家庭における学習習慣の形成や「置き勉」による盗難被害を防ぐために、教科書などの荷物を毎日持ち帰りすることになっている学校が多いのですが、それらの荷物が入った「重いランドセル」は、子どもの発育上問題があるということが一部の保護者やマスメディアから指摘されてきました。この問題は、文部科学省から各教育委員会に対して「事務連絡」を発出することで見直しを求めることになりましたが、白井によれば、本来これは国が口を出す問題ではなく、各学校において子どもと教師が自分たちでルールを見直していくという形の問題解決が図られるべきであると指摘します。学校において、生徒がエージェンシーを発揮することができない状況に陥っているという白井の指摘はもっともですが、日本はさらに根深い問題を抱えているといえます。以下の話をご存知でしょうか。

ある子どもたちが「重いランドセル問題」の解決のためにランドセルキャリー（さんぽセ

ル）を開発したのですが、これに対する一部の大人の反応が非常に冷ややかだったのです。子どもたちの開発に対して、「考えた子たち馬鹿そう」「ランドセルを背負うのは両手を空けて危険がないようにするため」「背負って歩けば下半身が鍛えられる」といった批判が1000件以上書き込まれたことが記事になりました（河嶌2022）。「変化を起こすこと」がエージェンシーの基本的な考えであるのに、変化することを許さない一部の大人社会の存在が、子どものエージェンシー発揮を阻害する要因となっているといえます。

学校そのものにエージェンシーを発揮する基盤を醸成していく必要があるだけではなく、少なくとも私たち大人は「望ましい変化を起こす」子どもたちに対して邪魔な「大衆」になってはなりません。子どもを単なる保護の対象として見るのではなく、権利の主体、意見表明する主体として捉えていく必要があります。子ども観の変容が、私たち大人に求められています。

参考文献

荒木寿友「モラル・エージェンシーとしての子どもを育てるために」『道徳と教育』341号、日本道徳教育学会、2022年。
石山恒貴、伊達洋駆著『越境学習入門』日本能率協会マネジメントセンター、2022年。

石山恒貴『越境的学習のメカニズム：実践共同体を往還しキャリア構築するナレッジ・ブローカーの実像』福村出版、２０１８年。
D.W.ウェルズ著、藤井留美訳『地球に住めなくなる日：「気候崩壊」の避けられない真実』ＮＨＫ出版、２０２０年。
OECD, *OECD Future of Education and Skills 2030: OECD Learning Compass 2030: A Series of Concept Notes*, 2019a.

ＯＥＣＤ編著、西村美由起訳『ＯＥＣＤ幸福度白書４　より良い暮らし指標：生活向上と社会進歩の国際比較』明石書店、２０１９年ｂ。

河嶌太郎「大人たちから１０００件超の猛批判　ランドセルを体感で90％軽くする『さんぽセル』が誕生した理由」IT media ビジネスオンライン、２０２２年6月11日公開。

https://www.itmedia.co.jp/business/articles/2206/11/news034.html
白井俊『OECD Education2030 プロジェクトが描く教育の未来：エージェンシー、資質・能力とカリキュラム』ミネルヴァ書房、２０２０年。

白井俊「OECD Education2030 プロジェクトが描く教育の未来」日本道徳性発達実践学会第21回武庫川女子大学大会基調講演資料、２０２２年。

武田信子『やりすぎ教育：商品化する子どもたち』ポプラ新書、２０２１年。

デューイ『論理学：探究の理論』（『世界の名著48　パース　ジェイムズ　デューイ』上山春平編集）中央公論社、１９６８年。

内閣府『令和４年版高齢社会白書』２０２２年6月14日閣議決定。

https://www8.cao.go.jp/kourei/whitepaper/w-2022/zenbun/04pdf_index.html

成毛眞『２０４０年の未来予測』日経ＢＰ、２０２１年。
Y.N.ハラリ著、柴田裕之訳『21Lessons：21世紀の人類のための21の思考』河出書房新社、２０１９年。
文部科学省『小学校学習指導要領（平成29年告示）』２０１７年。
文部科学省『中学校学習指導要領（平成29年告示）』２０１７年。

第2章　どのように学ぶのか

道徳的判断力を育む
―本質主義と進歩主義の和解のために―

髙宮正貴

1　本質主義と進歩主義の和解のために

「まさに、どの子供にもある新しく革命的なもののために、教育は保守的でなければならない」（アーレント　1994：259）。20世紀アメリカで活躍した政治哲学者アーレントはこう述べて、デューイらの進歩主義教育を厳しく批判しました。アーレントによれば、第一に、進歩主義教育の前提には、子どもの世界や社会はできる限り子ども自身に任せなければならないという主張があります。第二に、進歩主義教育のもとでは「教育学は教授法一般の科学になってしまい、その結果、本来学ばれるべき内容から完全に遊離してしまった」（アーレント　1994：245）。アーレントはここに教育の荒廃の原因を見て、次のように結論づけました。「学校の機能は子供に世界がどのようなものであるかを教えることであって、生きる技法を指導することではない」（アーレント　1994：263）と。

アーレントが意図しているのは知的教育であり、道徳教育ではありません。それにもかかわらず、アーレントの進歩主義教育に対する批判をここで紹介したのは、**アーレントが批判した進歩主義教育が、社会構成主義の学習理論の影響を受けた最近の道徳科の学習観と重なって見えるから**です。第一に、「教授パラダイムから学習パラダイムへ」と言われる動向（ビースタ　2021：60）、第二に、道徳科で学ばれるべきなのは道徳的価値の内容ではなく、道徳的問題に粘り強く向き合い続けるための思考力や判断力なのだという主張です。

道徳教育で指導する内容項目の正当性が揺らいでいるのは、社会構成主義の学習理論のせいだけではなく、哲学・倫理学的な背景もあります。第一にポストモダニズムです。第二に、ロールズ（2010）の政治的リベラリズムは、社会正義は社会で共通だが、個々人が抱く善の構想は多様であり、後者については国家が強制すべきでないとしました。「答えが一つではない道徳的な課題」（『解説』）という記述は、こうした背景を踏まえたものでしょう。

しかし、ロールズが言う多様な善の構想に含まれる徳も普遍化可能だとしたのが、ロールズの弟子であるイギリスの哲学者オニールです。オニールは「カント主義的構成主義」に基づき、実践理性による推論を用いれば、正義だけでなく諸々の徳も普遍化可能であると主張します。徳はどのようにして普遍化可能なのでしょうか。オニールは、人間であれば誰もが規定されている、①複数性、②結合、③有限性という3つの前提条件があると言います

(O'Neill 1996)。すべての人間の力は有限で傷つきやすい存在です(③)。人間は社会の中で結合して生きています(②)。それゆえ、人間は互いに支え合い、助け合って生きていかなければなりません。そのためには「傷害の拒絶」という正義の義務だけでなく、「無関心と無視の拒絶」という徳の義務も普遍的に正当化されるというのです。社会正義に基づく公的制度のみでは「変化し得る、選択的」な脆弱性には対処できないので、「家族と家庭、学校、仕事、友情、土地」という「特定の人間関係」が提供する「社会的徳」も正当化されるとオニールが述べている点は興味深いでしょう(O'Neill 1996 : 196)。我が国で扱っている「家族愛」「愛校心」「勤労」「友情」「郷土愛」「愛国心」などの道徳的価値が正当化されるということです。オニールの説が完全に正しいと主張するつもりはありません。しかし、「道徳は文化や時代によって変わる」のだから、「新しい価値観を創造すればよい」といった主張に対して、それとは異なる普遍主義の立場があることを示したいのです。普遍主義と特殊主義、本質主義と進歩主義、理想主義と現実主義といった対立する立場を包摂しうる道徳教育のあり方を望みたいと思います。

日本の道徳授業に見られる「ねじれ」

本質主義を「歴史の試練に耐えてきた文化遺産としての教育的価値を重視し、学校にはそれを次世代に伝達するという社会的役割を強調する」立場、進歩主義を「子供の興味・関心・成長欲求を受け止めることが大事であり、子供の自発性・主体性を尊重して活動意欲を引き出すことに道徳教育の目的を置く」立場としましょう（貝塚　2020：36）。この立場の違いを踏まえると、最近の道徳科の学習のあり方には**「ねじれ」**が見られます。**指導内容**としては、『解説』「内容項目の指導の観点」は一定の考え方の方向性を明確に打ち出している点で本質主義です。一方で、**指導方法**としては、子どもの問題意識や活動を重視し、教師の指導の意図と違ったとしても、子どもの問題意識を優先した授業展開にするといった進歩主義的な実践事例が見られます。もちろん本質主義と進歩主義の「統合」や「止揚」を主張することもできます。しかし、**指導内容上の本質主義と指導方法上の進歩主義**という「ねじれ」を直視することで、今後の道徳授業のあり方を提言したいと思います。

まず、指導内容上の本質主義についてです。日本学術会議の報告は「道理ある不一致」を強調し、指導内容上の本質主義を批判しました。その批判には多少頷ける部分もあります。たとえば、「公平、公正、社会正義」では、「誰に対しても分け隔てなく公平に接する」とありますが、「公正、公平」に関する概念間の対立について児童生徒に考えさせる必要があります。野球場のスタンドで、大人と少年と幼児が「同じ＝平等（equality）な」高さの台を与えられれば、幼児は背が小さいために野球を観戦することができません。そこで少年には台

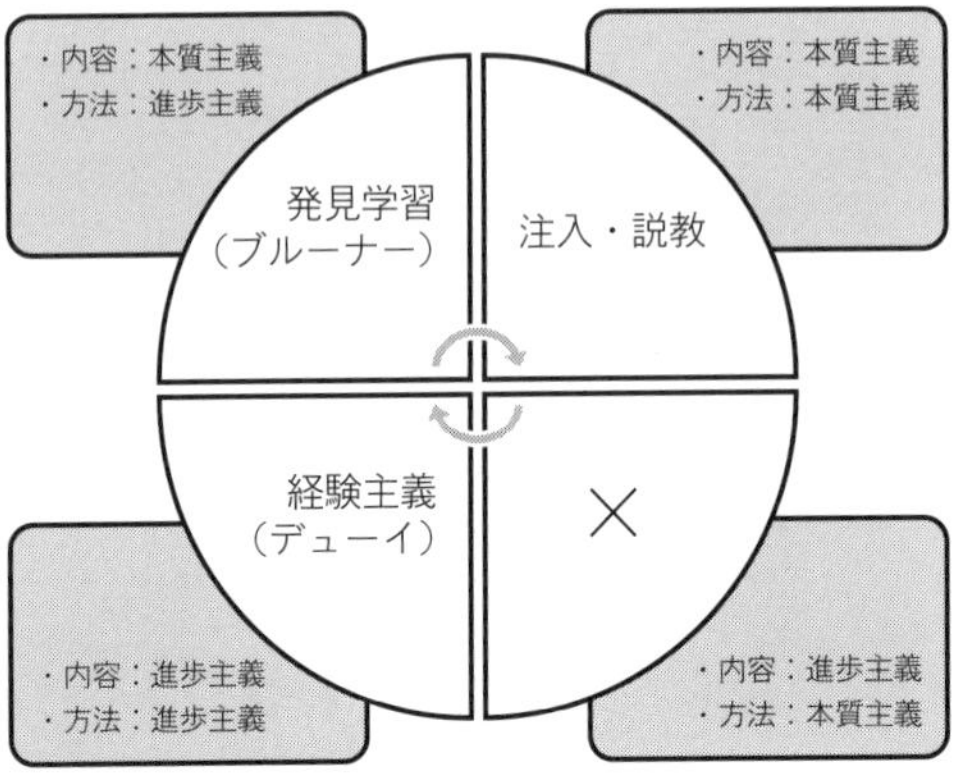

図１　指導内容と指導方法の組み合わせ

を1つ、幼児には台を2つ追加してあげることが「公正（equity）」だという有名な画像があります。しかし、この対応は幼児を「優先」しているので、「分け隔てなく」接しているわけではありません。もちろん、「分け隔てなく」接するためにこそ「不平等」な対応が必要だという解釈もできます。それでも、「誰にでも平等に接する」という「公正、公平」と「困っている人を優先する」という「公正、公平」の概念的な矛盾を受け止め、そこから「公正、公平」についての価値理解を深める必要があります。「正義の暴走」といった表現が使われることがありますが、誤った表現です。正義が暴走しているのではなく、正義についての多様な考え方が対立し合っているのです。正義そのものは善いことですが、正義については多様な考え方があるのです。

もう一方の指導方法上の進歩主義についてです。児童生徒の問題意識や学習活動を重視すること自体を否定すべきではありません。しかし、児童生徒の問題意識や学習活動を重視するからと言って、教師が教えるべき内容が否定されてしまうわけではないでしょう。

指導方法上の進歩主義が指導内容上の進歩主義を正当化するわけでは必ずしもありません。反対に、指導内容上の本質主義に立つとしても、その指導内容を「注入」したり「説教」したりしても指導方法上の効果はありません。我々はこのことをブルーナーの「発見学習」から学ぶことができます。教科の構造を教えたいとしても、それを伝達するのではなく、児童生徒は学者や専門家が行うのと同じプロセスで「発見」しなければならないのです。この「発見学習」の発想を道徳科の学習にも適用できるでしょう。図1では、このことを踏まえた授業観の立ち位置を示しています。

2　道徳的判断力を育むために

道徳的判断力とは何か

前項では、「公正、公平」に関する概念上の不一致を授業で扱うべきだと述べました。しかし、その一方で、表面的な意見の不一致の背後に、一般的な価値理解の共通性があるということもあり得ます。先述したオニールは、正義や徳という普遍的な価値があるとしても、個別の状況下での判断は多様であり得ると述べています。つまり一般的な価値理解の共通性と個別の状況下での判断の多様性は両立するのです。たとえば「嘘をつかない」ことは一般的に正しいでしょう。しかし、相手のことを思えばこそ嘘をつくという判断もあり得ます。しかし、個別の状況下で嘘をついたからと言って、「嘘をつかない」ことが正しくなくなるわけではありません。「嘘をつかない」ことは、やはり一般的には正しい「答え」なのです。

カントは、道徳の形而上学を打ち立てるために普遍的な善さや正しさを語り、個別の状況下での道徳的判断については多くを語りませんでした。しかし、カントは道徳法則を補完するものとして「経験によって研磨された判断力」が必要だと述べています（ヘッフェ2001）。とはいえ、道徳的判断力については、アリストテレスの「思慮深さ」（フロネーシス）の理論の方が参考になります。アリストテレスが言う「思慮深さ」は、道徳科の目標となっている道徳的判断力と同義であると言えます。以下ではこのことを論じましょう。

『解説』の「道徳的判断力」の定義は次の通りです。「それぞれの場面において善悪を判断する能力である。つまり、人間として生きるために道徳的価値が大切なことを理解し、様々な状況下において人間としてどのように対処することが望まれるかを判断する力である。的確な道徳的判断力をもつことによって、それぞれの場面において機に応じた道徳的行為が可能になる」。このように道徳的判断力とは、「道徳的価値が大切なことを理解」するだけでなく、「様々な状況下において（中略）どのように対処することが望まれるかを判断する力」とされています。つまり、**道徳的価値についての理解をもとに、「様々な状況下」でどのように対処するかを判断する力が道徳的判断力**です。

アリストテレスは徳を「中庸」としましたが、「中庸」とは「ほどほど」ではありません。たとえば「勇気」とは「困難や危険を恐れない心」です。しかし、「困難や危険を恐れない」ことがいつでもどこでも大切かと言えば、そうではないでしょう。絶対に勝ち目のない相手に試合を申し込むことは、「臆病」ではないとしても「向こう見ず」であり、真の「勇気」ではありません。このとき、自分が勝てそうな相手かどうかと、勇気を出すべき「対象・相手・方法・時など」を見極めなければなりません。それゆえ、アリストテレスによれば、勇気ある人とは、「しかるべきものを、しかるべき目的で、しかるべき仕方で、しかるべきときに耐えたり恐れたりする人、またそのようにして自信をもっている人」（アリストテレス　２０１５：２０７）なのです。

アリストテレスは、「徳は目的を設定し、思慮深さは目的へと向かう事柄を遂行させる」（アリストテレス　２０１６：88）と言います。つまり、勇気ある行為を行うためには、勇気という目的だけでなく、**勇気ある行為を実現するための諸条件**（対象・相手・方法・時など）**を見極める**必要があります。戦って勝てる相手かどうかを判断するには、「経験」とそれに基づく「知覚」が必要です。自分と比べて相手がどれくらい強いのかを知る「知覚」です。それゆえ、アリストテレスは、「思慮深さは行為にかかわる。したがってそれは、普遍的な知識と個別的な知識の両方を備えていなければならないのである。ただし、どちらかといえば、個別的な知識のほうが重要である」（アリストテレス　２０１６：57）と述べます。我が国の道徳教育に引きつけるなら、「普遍的な知識」を一般的な価値理解に、「個別的な知識」を対象・相手・方法・時などの特殊な諸条件の知覚に置き換えることができます。道徳的判断力を思慮深さと捉えるならば、「困難や危険を恐れない心は大切である」という一般的な価値理解だけで十分ではなく、「どんな対象に対して、どんな相手に、どんな方法で、どんな時に」困難に立ち向かうべきかを判断するために、個別の状況を知覚する必要があるのです。

道徳的判断力を育む道徳授業

我が国の道徳授業は「心情主義」であるとしばしば揶揄されてきました。それは、教材の登場人物の心情を共感的に理解した上で、その心情理解をもとに自己を見つめる授業が主流だったからです。つまり、教材を通して学んだ価値理解を個別の状況下にいかに適用するの

表1　道徳的判断力を育む学習モデル

道徳的判断力の構成要素	問題の例
C（How）：個別の状況下（特定の対象・相手・方法・時）での価値理解の適用の是非・あり方などを考える	「どんな時に親切にすべきで、どんな時に親切にすべきではないか」「許せる時と許せない時の違いは何か」など
B（Why）：道徳的価値の意義（理由、効用・目的）を考える	「なぜ親切にすることは大切なのか」「努力するとどんな良いことがあるか」など
A（What）：道徳的価値の意味（内包・外延）、成立条件などを考える	「親切とは何か」「親切であるためにはどんなことが必要か」「友達であるための条件は何か」など

かについて問われることは少なかったのです。道徳科の目標に道徳的判断力が掲げられてきたにもかかわらず、道徳的判断力を育む授業は十分になされてきませんでした。そこで、以下では道徳的判断力を育む学習モデルを提案します。

A・B・Cは、学習指導過程そのものではなく、**道徳的判断力の構成要素**です。1時間の授業でA・B・Cのすべてを扱うことはできないので、1時間の授業ではA・B・Cのどれをねらいにするかを決めます。ただし、AとC、BとCの組み合わせは有効です。なぜなら、Cでは、(1)教材を通して学んだ一般的な価値理解（A、B）を教材とは異なる場面に適用できるかどうか、(2)その価値理解を異なる場面に適用する際の個別の状況下での判断（異なる対象・相手・方法・時などに応じた判断）の特殊性について考えることができる

学習指導過程	「うばわれた自由」	「ブランコ乗りとピエロ」
導入（特殊事例の抽出）	○もっと自由だといいなと思う時はどんな時？ ◎学習問題「どんな自由を実現していきたい？」	○相手のことを「許せない」って思うことはある？ ◎学習問題「「許せる・許せない」をどうやって決める？」
展開前段（一般的な価値理解）	○ジェラール王子とガリューが考える自由にはどんな違いがある？ ○本当の自由とは？	○サムを受け入れられた（許せた）のは、ピエロにどんな心があったからだろう？ ・「相手から学びたいと思ったから」など
展開後段（問題場面の質的拡充：「再特殊化」）	○授業の最初に聞いた自由は、本当の自由と言えるだろうか？違うとしたら、何が違うの？	○授業の最初に聞いたみんなが許せないと思う時と、ピエロがサムを許せた時は何が違うの？
終末	学習問題「どんな自由を実現していきたい？」に対する納得解を得る。	学習問題「「許せる・許せない」をどうやって決める？」に対する納得解を得る。

からです。このCの学習活動は、「価値の一般化」と呼ばれる学習活動の中でも、村上（1973）が「問題場面の質的拡充」と呼ぶものです。

以下では学習指導過程を例示します。「うばわれた自由」では、「ジェラール王子とガリューが考える自由にはどんな違いがある？」「本当の自由とは？」という展開前段の発問は、自由の意味（自由とは何か）や成立条件（どんな場合に自由と呼べるのか）を考えるAの学習活動です。しかし、自由についての一般的な価値理解だけで終わらず、価値理解の適用（Cの学習活動）について考えるために、導入で「もっと自由だといいなと思う時はどんな時？」と問い、展開前段を経て、展開後段では「授業の最初に聞いた自由は、本当の自由と言えるだろうか？ 違うとしたら、何が違うの？」と問います。それによって、教材を通して学んだ一般的な価値理解を児童自身の日常生活に適用して考えることができます。

「ブランコ乗りとピエロ」では、「サムを受け入れられた（許せた）のは、ピエロにどんな心があったからだろう？」を中心的な発問とします。「相互理解、寛容」についての一般的な価値理解を促すためです。予想される児童の答えとしては、「相手から学びたいと思ったから」などでしょう。これは「相互理解、寛容」の成立条件です（Aの学習活動）。しかし、教材を通して学んだ一般的な価値理解だけで終わらず、その価値理解を児童自身の日常生活に適用して考えるために、導入で「「許せる・許せない」をどうやって決める？」という学習問題を提示します。その上で、展開前段を経て、展開後段で「最初に聞いたみんなが許せないと思う時と、ピエロがサムを許せた時は何が違うの？」と問うことで、教材を通して学んだ価値理解と自分自身の価値観を比較し、道徳的判断力を育むことができるでしょう。[1]

個別の状況下（特定の対象・相手・方法・時）での価値理解の適用の是非・あり方などを考え

る」というCの学習活動には、道徳的価値同士の対立・衝突を扱う学習活動も含まれます。たとえば「節度、節制」と「個性の伸長」、「規則の尊重」と「相互理解、寛容」をどのように両立させるのかを考える学習活動です。その他、一般的な価値理解を生命倫理などの現代的な課題にいかに適用するのかという学習活動も含まれます。

3　内容項目の改善の方途

内容項目の改善の方途について述べます。内容項目として記された文章は、すべて毎年取り上げなければなりません。すると、中学校「向上心、個性の伸長」であれば、「自己を見つめ、自己の向上を図るとともに、個性を伸ばして充実した生き方を追求すること」という内容のすべてを毎年満たさなければなりません。しかし、教材を作る際に、この教材は「個性を伸ばして」を含んではいるが、「自己を見つめ」を含んでいないということが生じ得ます。その場合、無理にすべての文章を満たそうとすれば、補助発問やコラム等で無理やり教科書に含めるといった非本質的な方法で対応せざるを得なくなります。

内容項目のすべての内容を毎年満たさなければならないので、結果的に、どの学年でも類似した内容の教材を教科書に掲載することになり、学年ごとの指導内容が類似してしまい、指導内容の発展性や多彩さがなくなるという弊害もあります。中学校では3年間同じ内容項目なので、生徒は3年間続けて類似した内容を学習することになります。たとえば、中学校の「希望と勇気、克己と強い意志」では、「努力して困難や失敗を乗り越えて着実にやり遂げることは大切である」という指導内容を毎年繰り返すことになりかねません。たしかに、『中学校解説』の「内容項目の指導の観点」の「指導の要点」には、「まず」「さらに」「また」に続く文章で各学年での指導の要点が示されています。しかし、『解説』に法的拘束力があるわけではないので、上記の問題が克服されているとは言えません。そこで、毎年類似した指導内容にならないためには、学年ごとの指導内容を明示するという方途が挙げられます（例：キーワードは「向上心、個性の伸長」とした上で、中1「自己を見つめること」、中2「自己の向上を図ること」、中3「個性を伸ばして充実した生き方を追求すること」とする）。

指導内容を学年ごとに焦点化することで、毎年類似した指導内容を扱うことを防げます。「希望と勇気、克己と強い意志」であれば、中1では、希望をもつことの意義について考え、中2では勇気をもつことの意義について考えるといったことが可能になります。そうすれば、「努力して困難や失敗を乗り越えて着実にやり遂げることは大切である」という指導内容を毎年繰り返すことにはなりません。

内容項目によっては、学年ごとに指導内容を分けることが倫理学的に見て本質的だと言えるものもあります。たとえば、中学校「自然愛護」は「自然の崇高さを知り、自然環境を大切にすることの意義を理解し、進んで自然の愛護に努めること」ですが、「自然の崇高さ」と「自然の愛護」を同じ教材で満たすことは容易ではありません。たとえば、縄文杉を扱った教材では「自然の崇高さ」について考えることができても、「自然の愛護」について考えることは難しいでしょう。その点で、「自然の崇高さ」と「自然の愛護」を学年ごとに分けることは有効な方途でしょう。

学年ごとの指導内容を焦点化し、分けることによって、現在の内容項目に含まれている記述のすべてを毎年扱わなければならないのかどうかを精査し、内容項目を精選することもできるでしょう。そのようにして空いた部分を「現代的な課題」等を扱う内容項目に変えることもできるのではないでしょうか。

以下では、個別の内容項目の改善の方途について述べます。

①「権利と義務」の内容項目を独立させる

「権利と義務」については、小5〜小6で「規則の尊重」の中に「自他の権利を大切にし、義務を果たすこと」とあります。中学校では「遵法精神、公徳心」の中に「自他の権利を大切にし、義務を果たして」という文章が含まれています。1つの内容項目に複数の道徳的価値が含まれていることは他の内容項目でも同様です。しかし、「権利と義務」は、「法やきまりの意義」や「法やきまりを守ること」とは独立に考えさせるべき内容だと言えます。教科書を見ても、「権利と義務」が「規則の尊重」や「遵法精神、公徳心」に含まれていることによって、「権利と義務」の扱いが量的・質的に薄くなっている現状があります。

かつて「権利と義務」を「規則の尊重」や「遵法精神、公徳心」から独立させて扱っていた時期がありました。たとえば、昭和52（1977）年改訂の『小学校学習指導要領』では、「21　規則や自分たちで作るきまりの意義を理解し、進んでこれを守る」と「22　権利を正しく主張するとともに、自分の果たすべき義務は確実に果たす」は別の項目でした。

また、「自分の権利は強く主張するものの、自分の果たさなければならない義務をなおざりにしたりする者も存在する」（『小学校解説』）、「自分の権利は強く主張するものの、自分の果たさなければならない義務をなおざりにしたりする傾向」（『中学校解説』）という記述は、児童生徒の発達段階や実態に関する記述としては理解できるものの、「義務」と「権利」の正しい関係について誤解を招く危険性があります。本来、「義務」と「権利」の関係は、「権利を与えられている分、義務を果たしなさい」というギブアンドテイクの関係にあるわけではありません。「道徳的義務」（思いやり、個性の伸長など）は別として、「法的義務」とは、他人の権利を実現するためにあります。『現代倫理学事典』には、「道徳的義務」には対応する他人の権利は必ずしも存在しないが、「法的義務は権利と正確に対応している」（安彦２００６）とあります。たとえば、映画館で黙って映画を観るという義務は、他人が映画を楽しむ権利を妨げず、その権利を実現するためにあります。こうした**権利と義務の正しい関係を「内容項目の指導の観点」にも反映させるべき**だと考えます。

② 中学校「公徳心」を「社会参画、公共の精神」に統一する

内容項目のキーワードは、児童生徒自身が日常生活の中で使ってほしい概念です。それゆえ、内容項目に掲げられるキーワード（「公徳心」）が日常では使われない言葉であれば、道徳科での学びが日常生活と乖離《かいり》してしまうでしょう。

倫理学的な問題もあります。「公徳心」とは、「公徳を大切にする心」（『中学校解説』）です。公徳とは「公衆道徳」であり、公衆とは「公共的なものに関心をもつ不特定多数の人々」です（『デジタル大辞泉』）。この定義からすれば、「公徳心」と「公共の精神」を分離することは不自然です。たとえば公衆浴場で大騒ぎをしないことは「公徳」でしょう。では、なぜ公衆浴場で大騒ぎをしてはならないのでしょうか。他人に迷惑をかけてはならないからです。つまり公衆浴場に来ている人々の利益のためです。このように、**「公衆浴場で大騒ぎをしてはならない」という公徳がなぜ大切なのかという「公徳の意義」を考えれば、「社会全体の**

利益」を考慮せざるを得ません。『中学校解説』では、「公共の精神とは、社会全体の利益のために尽くす精神」と書かれています。公徳の根拠を考えれば、必然的に「公共の精神」に至ります。それゆえ、「公徳心」と「公共の精神」を分けて考えることは不自然であると言えます。

実際、昭和52（1977）年改訂の学習指導要領では、小学校では「24　社会の一員としての自覚をもって、公共物を大切にし、公徳を守る」であり、公徳心と公共の精神は同じ内容項目に含まれていました。中学校でも、「14　公私の別をわきまえ、公共の福祉を重んじ、社会連帯の自覚をもって理想の社会の実現に尽くす」であり、公共の福祉と公徳心は同じ内容項目に含まれていました。

③　中学校「遵法精神、公徳心」で、「法やきまりをよりよいものに変えていこうとする態度」を内容項目に明記し、内容項目名を「遵法精神、立法精神」のキーワードに変更する

「遵法精神、公徳心」のうち、「公徳心」を「公共の精神」に統合する一方で、「立法精神」というキーワードを新たに追加すべきだと考えます。法やきまりの「そのよりよい在り方について考え」るという記述は既に内容項目に含まれていますが、『中学校解説』には、「高等学校段階への発展を踏まえて、自分たちを拘束すると感じる法やきまりが自分たちを守るだ

けではなく、自分たちの社会を安定的なものにしていることを考えさせ、よりよいものに変えていこうとするなど積極的に法やきまりに関わろうとする意欲や態度を育てる」と書かれています。この記述を内容項目そのものに反映させるべきだと考えます。

「悪法も法なり」という言葉がありますが、「悪法」と思うなら変えていこうとするべきです。それゆえ、中学生の発達段階であれば、「遵法精神」とともに「立法精神」ももってほしいと思います。様々な批判があるとはいえ、コールバーグによる道徳性の発達段階によれば、「法と秩序」志向（第4段階）の上には、「人間としての権利と公益の道徳性の段階」（第5段階）、「普遍化可能であり、可逆的であり、指令的な一般的倫理的原理の段階」（第6段階）があるとされます。中学生であれば、第4段階を越えて第5段階を目指すためにも、「立法精神」を入れるべきではないでしょうか。「立法精神」は、主権者教育やシティズンシップ教育という点でも重要だと言えます。

※『小学校学習指導要領（平成29年告示）解説　特別の教科　道徳編』は『小学校解説』、『中学校学習指導要領（平成29年告示）解説　特別の教科　道徳編』は『中学校解説』と示す。ただし、『小学校解説』『中学校解説』に共通する文章を本文中で引用する際には『解説』と示す。

注

1　道徳的判断力を育む授業づくりの方法については、髙宮（2022）で詳述しました。

引用文献

安彦一恵（2006）「義務」大庭健・井上達夫・加藤尚武・川本隆史編『現代倫理学事典』弘文堂。

アリストテレス（渡辺邦夫・立花幸司訳）（2015）『ニコマコス倫理学　上』光文社。

アリストテレス（渡辺邦夫・立花幸司訳）（2016）『ニコマコス倫理学　下』光文社。

アーレント、ハンナ（引田隆也・齋藤純一共訳）（1994）『過去と未来の間』みすず書房。

貝塚茂樹（2020）『新時代の道徳教育――「考え、議論する」ための15章』ミネルヴァ書房。

髙宮正貴・杉本遼（2022）『道徳的判断力を育む道徳授業――多面的・多角的な教材の読み方と発問』北大路書房。

ビースタ、G（田中智志・小玉重夫監訳）（2021）『教育の美しい危うさ』東京大学出版会。

ヘッフェ、O（有福孝岳・河上倫逸監訳）（2001）『現代の実践哲学――倫理と政治』風行社。

村上敏治（1973）『道徳教育の構造』明治図書。

ロールズ、ジョン（川本隆史・福間聡・神島裕子訳）（2010）『正義論　改訂版』紀伊國屋書店。

O'Neill, O., (1996) *Towards Justice and Virtue: A Constructive Account of Practical Reasoning*, Cambridge: Cambridge University Press.

〔付記〕本研究はJSPS科研費2‐K02475の助成を受けたものです。

内容理解と資質・能力発達の両立
―道徳性の生涯発達を目指して―

吉田　誠

1　ホラーキー（入れ子）構造で生涯発達する道徳性

２０４０年代の社会では、道徳性や人格は生涯発達し続けることが広く認知されることでしょう。というのは、成人＝成熟した完成体、すなわち成人になって発達が停止した後は衰退するだけだとする従来の「発達心理学」の捉え方を見直す必要性が、すでに**「生涯発達心理学」**の分野において指摘されているからです。また、現代の社会でも、中高年期になっても学び続け、精神的・人格的な面で発達し続けることが社会的要請となりつつあることから、今後到来する超高齢社会では道徳性や人格の発達が生涯にわたることは広く知られるようになるでしょう。それに伴って社会の組織や集団の発達段階に対する理解も広がることで、組織のあり方も変わるかもしれません。例えば、官僚制社会に代表されるピラミッド型で役職や階級に基づく支配従属関係が構成されるヒエラルキー型組織から、対等な個人から成る入れ子構造の自律的グループに意思決定権が分散された**ホラーキー型組織**への移行や、ヒエラルキー型組織とホラーキー型組織の使い分けによる**トップダウンとボトムアップのバランスの取れた組織運営**が広がることも予想されます。

そのような社会では、より多様な生き方や価値観が認められ、社会と調和しながら自分らしい生き方を探究し続ける人が増えるでしょう。そして、これまで学校教育で想定されていた段階を超えた発達段階に達する人も増えると考えられます。

現代社会における自我発達と道徳観

欧米で5千人以上の成人の自我発達段階を測定したスザンヌ・クックグロイター（Susanne Cook-Greuter）は、発達全体のパターンとして、主体と客体を分離し、対象を細分化して分析することで予測可能性や支配・制御可能性を高める差異化増大のプロセスが最高潮に達した後、再び主体と客体を統合し、心身や意識と無意識、霊性を人類や宇宙全体とのつながりから捉え直す統合増大のプロセスが始まると述べています。今後、我が国において成人の自我発達段階が一定以上の割合でより高い段階に到達することで、心の探究、特に無意識の領域の探究や霊性向上の探究が広がることも想定されます。

20世紀の我が国の学校教育が目指してきた人間像は、クックグロイターの自我発達段階に

表1　スザンヌ・クックグロイターの自我発達段階

自我発達段階	他者や社会の捉え方の特徴
自己保護的段階 （強力な第一者的視点）	自分の欲求が通るかどうかを捉える（自分の視点のみで捉える）
規則志向的段階 （第二者的視点）	他者が自分をどのように見ているかに気づく（自分の視点か相手の視点のどちらか一方で捉える）
順応的段階 （拡張した第二者的視点）	内と外の二種類の他者を対立的に捉える（自分と相手の両方の視点で捉える）
自意識的段階 （第三者的視点）	自己と他者を独自の違いを持った異なる人物として捉える（自分と複数の他者の視点で捉える）
良心的段階 （拡張した第三者的視点）	自己と他者の関係について過去を振り返ったり、未来を展望したりする（自分と複数の他者の視点を文脈的に捉える）
個人主義的段階 （第四者的視点）	「客観的」な判断が不可能であることに気づき、自身がその中で成長した価値体系の外に立つ視点を持つ（自分の価値体系を対象化して捉える）
自律的段階 （拡張した第四者的視点）	自己を複数の文化的視点あるいは生涯の時間間隔における複数の世代の視点から捉える（自分の価値体系と他の価値体系の両方の視点で捉える）
構築自覚的段階 （第五者的以上の視点）	自己や世界に関する事象について複数の世界観を関連づけた視点や人類共通の枠組みの観点から捉える（複数の価値体系を関連づけて捉える）
一体的段階 （鑑賞者の視点）	すべての視点を統合的に捉える（すべての価値体系を対象化して捉える）

則していえば、社会規範を内面化し、科学的思考に基づいて世界を計画的に改善、進歩させようとする**良心的段階**にあったといえます。クックグロイター（2014）は、良心的段階の人々の限界として、「事実と外的世界を実在するものとして受け入れ」ていること、科学的な見方に含まれた信念に対して無自覚なこと、そして「知識や測定や予測といったものが、自然と自己と社会を制御するための手段として当然のものとして受け入れられている」ことを指摘しています。そして、21世紀初めの我が国の社会では、すべての

価値観を相対化して捉える**個人主義的段階**を経て、自己決定と自己実現を通して自分自身と他者にとって意味のある人生を積極的に創造しようとする**自律的段階**へと発達する人々が少しずつ増えつつあります。クックグロイターによれば、自律的段階の人々は、それまで自身の内面で無意識に抑圧されてきた影（shadow）を自覚し、統合しようとします。その次の**構築自覚的段階**に至ると、意識的な思考やあらゆる認識は言語によって構築されたものであることを自覚し、自身の無意識の領域と合理的な意識の領域を統合する霊性向上の探究をする傾向があるとされています。

合理的で普遍妥当的な「道徳」が存在すると信じる良心的段階の人々や、道徳は見る人によって異なる相対的なものと考える個人主義的段階の人々とは異なり、自律的段階の人々は多様な見方・考え方を相補的な視点から捉えて、複数の見方・考え方を状況に応じて柔軟に使い分ける道具として道徳を捉えています。さらに構築自覚的段階の人々は、人々が歴史的・社会的に重層的に織りなすとともに、織りなされたものが人々の生き方在り方に影響を及ぼすことで変化し続ける構築物として道徳を捉えています。そして、彼らは、各自我発達段階の人々によって道徳の見え方が異なることが、道徳に関する対立や論争を生み出していることに気づきます。今後、我が国のより多くの人々が自律的段階や構築自覚的段階に達することで、多様な道徳観を統合的に捉えるとともに、道徳や道徳性をホラーキー構造、すなわち重層的な入れ子構造で捉える見方が少しずつ広がっていくことでしょう。

道徳性の発達を捉え直す

従来の発達心理学では、発達段階はピラミッドのようなヒエラルキー構造でイメージされ、ある段階は次の段階に取って代わられる形で遷移すること、各段階は上下関係あるいは支配被支配関係で捉えられることが、暗黙の前提とされてきました。これに対してホラーキー構造は、次の段階が前の段階を超えて含むことで前の段階の見方・考え方を道具として使えるようになること、自身の段階の外に見えない次の段階があり、内には過去に自身が通過した段階があるので各段階が共存可能な相互依存関係で捉えられることを含意しています。

ホラーキー構造で生涯発達し続ける可能性があるものとして道徳性が捉え直されれば、道徳性の発達を促進、停滞あるいは停止させる要因についての理解も進むことが予想されます。意識の発達に関する多様な研究成果を統合的に捉えたケン・ウィルバーによれば、健全な発達を遂げている場合、自己は発達するにつれ、身体、ペルソナ（社会的役割）、自我、心身統一体、魂と段階的に同一化します。より高い段階へと発達する際には、元の対象を差異化した上で、それを含んで次の段階の対象と統合する形で同一化した結果、前の段階の要素を道具として使えるようになります。しかし、元の段階の要素の差異化に失敗すると、その段階の要素への融合や固着が生じたり、その段階で発達が停止したりします。また、次の段階との統合に失敗すると前の段階の要素を抑圧したり、排除したり、解離させたりします。これらの融合や固着、抑圧や排除、解離が生じる自己の要素について当事者は無自覚なために発達の停滞や停止が生じますが、このような自己の要素を言語化したりイメージ化したりする対象化を行うことで差異化と統合を促すことは可能と考えられます。ただし、融合や固着、抑圧や排除、解離が生じる自己の要素に関する具体的な内容は個々人の経験によって多様です。そのため、学校教育カリキュラムでは、まず融合や固着、抑圧や排除、解離が生じる要素の中でも多くの子どもたちに共通するものに焦点が当てられることでしょう。

では、ホラーキー構造で生涯発達し続ける可能性があるものとして道徳性が捉え直されることで、学校の道徳教育はどのように変わるでしょうか。まず、主に小・中学校の子どもたちが通過し、到達し得る自我発達段階である**規則志向的段階**、**順応的段階**、**自意識的段階**、**良心的段階**、**個人主義的段階**の視点から道徳性の発達を捉え直す必要があるでしょう。次に、自我発達段階の発達は年齢によって一律ではないので、学級集団の中に異なる複数の発達段階の子どもたちがいることを前提とすることになります。その結果、**従来の発達心理学の見方に基づいた発達段階や学習についての年齢・学年主義から脱却し、複数の自我発達段**

階から成る集団での生き方、在り方を考える学習となります。そのため、道徳科の学習は個々の子どもの発達段階や実態に応じて複数のねらいを設定して行う個別最適かつ協働的な学びを前提とする学習となるでしょう。また、道徳性の捉え方や道徳科の学習内容についても、時と場合、状況に応じて複数の道徳的な見方、考え方を使い分けたり組み合わせたりする資質・能力を含むことで、より柔軟で現実的かつレジリエントなものになっていくでしょう。

2 自我発達段階と個別最適かつ協働的な学び

水平的成長と垂直的発達

従来、我が国の道徳教育では、道徳性の発達段階として主にコールバーグの道徳性発達理論が用いられてきました。コールバーグの理論は道徳科の内容項目でいえば「順法精神、公徳心」、「公正、公平、社会正義」の内容に該当し、自立した対等な個人同士の人間関係を前提とする道徳性の発達段階論です。そのため、コールバーグの理論は我が国の道徳教育の目標全体を網羅できていません。本稿でクックグロイターの自我発達段階論に着目する理由は、クックグロイターの自我発達段階論が、次第に自己意識を拡張しながら包容力を増していくことで自身と周囲の人々や世界をより広い視野から捉えるようになる過程を詳細に記述していることにあります。クックグロイターの自我発達段階論はコールバーグの道徳性発達理論の内容を整合的に含み込んでおり、多様な人間関係だけでなく自然環境を含めた世界の捉え方の発達にも触れているので、我が国の道徳教育の目標全体を網羅する形で道徳性の成長・発達を把握し、評価に活用できる可能性があると考えられます。

クックグロイターは、人間の成長・発達を**螺旋状《らせん》の展開**と捉えています。彼女は螺旋の水平方向への拡張、すなわち螺旋の半径を拡張する動きを**水平的成長**と呼び、知識や技能、方法の習得と捉えています。そして、彼女は成人のほとんどの成長を水平的成長としているように、多くの場合、道徳性の成長・発達も2次元平面上で半径が拡張する渦巻状の成長、すなわち人間関係や世界を捉える心的モデルはそのままで、知識や技能、方法を習得する成長と考えています。これに対して螺旋の垂直方向への上昇を**垂直的発達**と呼び、人間関係や世界を捉える心的モデルの変容と捉えています。クックグロイターの自我発達段階論では、心的モデルの変容を**行動**（**欲求や目標**）・**感情**（**感情や体験の受け止め方**）・**認知**（**視点や思考**）の3つの領域から捉えます。そして、それまで自己と同一化していたために無自覚であった欲求や目標、感情や体験の受け止め方、人間関係や世界を捉える視点や思考を対象化することで差異化し、新たな欲求や目標、感情や体験の受け止め方、人間関係や世界を捉える視点や思考に自己を同一化することで統合する垂直的発達の過程を段階的に示しました。

ただし、この段階的な発達の捉え方には留意点があります。クックグロイターは欧米の約5千名の成人の自我発達段階について継続的な追跡調査を行っていないので、垂直的発達を継続している人々と発達が停止した状態の人々を区別できず、調査対象者の多くが発達の停止状態にあることが想定されます。そのため、垂直的発達を遂げた人々について「新たな自立を勝ち取ったのだと主張するが、しかしまた、過去とのつながりを置き去りにしてきたため、苦痛を示す」と述べているように、次の段階との統合に失敗したために前の段階の要素を抑圧したり、排除したり、解離させたりしたことで生じる病理的性質も各自我発達段階の特徴に含めて記述している可能性があることに留意が必要です。

小・中学校段階で見られる自我発達段階の垂直的発達

本項では自我発達段階の中でも小・中学生が通過、到達し得る段階として**規則志向的段階**、**順応的段階**、**自意識的段階**、**良心的段階**、**個人主義的段階**の道徳的視点や思考に係る特性を紹介します。

まず、**規則志向的段階**は、幼稚園から小学校低学年の子どもに多く見られる第2者的視点を獲得しつつある段階です。この段階の人々は、相手から自分はどう見えるか、自分の行動で相手がどう感じるか、といった相手の視点を理解することはできますが、自分の欲求や感情が強い場合には自分の視点で行動してしまうなど、自分の視点と相手の視点を同時には捉えられません。周囲から受け入れられ、好かれることを必要とし始めるため、社会的な慣習や規則を固く守ろうとしますが、それらを守る理由を説明できなかったり、身近な大人が言う理由を形式的に反復したりします。外面的に望ましい行為をしている子どもを認め、その行為が望ましい理由を述べながらその姿を喜ぶことで、その子ども自身にも周囲の子どもにもその行為を促進すると共に発達を促すことができると考えられます。また、授業で望ましい行為の理由を添えて答えさせることも発達を促すことにつながると考えられます。

順応的段階は小学校中学年の子どもに多く見られる第2者的視点が拡張する段階です。この段階の人々は、自分と同じ行動や外見を持つ相手を「私たち」、自分とは異なる行動や外見を持つ相手を「彼ら」として区別し、「私たち」に対抗する「彼ら」という見方を持つようになります。集団に所属することへの欲求が強くなるので、帰属集団が望めばどんな規則にも順応する反面、集団の規則や行動、外見から逸脱する者や外集団を拒絶したり道徳的に非難したりする傾向が強くなります。行為とその結果を結びつけた善悪判断や、自分の感情や思考を相手に投影した形での他者理解ができるようになります。望ましい行為ができている姿を周囲から認められたり、望ましい行為ができずに周囲から非難されている時に弁護してもらえたりする経験を通して発達を促すことができると考えられます。また、授業で自分の意見を自分の言葉で明確に示したり、自分とは異なる視点や意見を受けとめようと努力したりできるよう指導したりすることも、発達を促すことにつながると考えられます。

自意識的段階は小学校中学年から高学年の子どもに見られ始め、反抗期の子どもに典型的な第3者的視点を獲得しつつある段階です。この段階の人々は、自分自身を対象として見られるようになるに伴って、他者とは異なる自分の個性や考え、欲求を強く主張することで他者から独自の優れた存在として受け入れられることを願うようになります。ある程度の内省ができるようになることで自分の課題を自覚し始めるとともに、自他の内面と言動の因果関係を理解し始めますが、自分の見方の正しさにこだわって異なる意見を無視したり反論したりする傾向が強くなります。自己の長所と短所を客観的に見つめて判断し行動できていることが周囲に認められる経験や、他者の行為の意図や背景を捉えて判断し行動できていることが認められる経験を通して発達を促すことができると考えられます。また、授業で自分とは異なる他者の意見の理由や根拠を聴き取り、その上で自分の意見を根拠とメリット・デメリットも含めて説明するよう指導することも発達を促すことにつながると考えられます。

良心的段階は20世紀に学校教育の目標とされた段階で、第3者的視点に過去と未来の自己や人間関係に考えを巡らせる時間的視点が加わります。この段階の人々は将来の夢や未来の目標を自ら設定し、時間をかけて達成しようとする傾向が強くなります。自己の言動のよい点と悪い点を同時に捉えられ、他者の内面と言動の因果関係について蓋然性の高い傾向を選択できるので、道徳的問題の解決策を時間軸も用いて考えられるようになります。適切な見通しをもって行動できていることが認められる経験や、他者の適切な内面理解に基づく判断や行動ができていることを認められる経験を通して発達を促すことができると考えられます。また、授業で自分と異なる他者の意見について、理由や根拠の背景にある経験と感情を含めて聴き取り、その上で自分の意見について自分の生き方や社会にもたらす影響を長期的視点も考慮しながら説明するよう指導することも発達を促すことにつながると考えられます。

個人主義的段階は、良心的段階で自己と同一化していた科学的思考を対象化、道具化できるようになり、科学的思考に基づく拡大的発展の限界を認識するので、ＳＤＧｓに関する学習をする際の目標となるのではないかと考えられる段階です。そして第４者的視点、すなわち自分が生まれ育った社会の第３者的視点を相対化することでその外側に立つ視点を獲得しつつある段階です。この段階の人々は、自分の解釈を他者に押し付けることを望まなくなり、多様な他者の個性や価値観を尊重し、理解しようとする傾向が強くなります。良心的段階では社会的に肯定される目標を設定する傾向が強いのですが、この段階では独自の個人的な達成を成し遂げようとする欲求が強くなります。自分独自の目標や価値意識が認められる経験や、多様性への共感力が認められる経験を通して発達を促すことができると考えられます。また、授業で多様な意見をその根拠と背景的な感情を含めて理解した上で、それらの意見が生き方や社会にもたらす影響を長期的視点も含めて考察したり、そこから広げたり深めたりした自分の意見が実現した場合に生き方や社会にもたらす影響について長期的視点を含む多様な観点から説明したりできるよう指導することも発達を促すことにつながると考えられます。

水平的成長と垂直的発達を両立させるために

以上のように、各自我発達段階について欲求や受けとめ方、視点や思考の特徴と垂直的発達を促す方法を示しました。知識や技能、方法の習得によって成長する水平的成長とは異なり、これらの垂直的発達は意図的計画的に行うことが困難です。けれども、多様な自我発達段階の子どもたちが、同じ道徳教材について、それぞれ異なる視点から考察し対話することで各自の視点や思考を深めたり広げたりするという個別最適かつ協働的な学びを実現できれば、道徳性の水平的成長だけでなく垂直的発達を促すこともできるでしょう。

その際に、学級の子どもたちが属する各自我発達段階の特徴を踏まえながら、ある程度個別化したねらいを設定し、道徳性について水平的成長と垂直的発達の観点から評価を行うことが必要となります。特に気に留めたいのは、ある特定の状況や道徳的問題に対して、その子どもが普段示している自我発達段階より低い段階の反応を示す場合です。その際には、その低い段階の何らかの要素への融合や固着がある可能性が考えられます。このような場合には、その子どもが融合、固着している要素をその子ども自身が言語化あるいはイメージ化して対象化することが、補助的なねらいとなる可能性があります。また、特定の道徳的価値に関わる議論を避けたり拒絶したりする場合、その子どもが普段示している自我発達段階より低い段階の何らかの要素を抑圧したり排除したりしている可能性が考えられます。このような場合には、その子どもが抑圧、排除している要素をその子ども自身が言語化あるいはイメージ化することをそのままねらいとすることは困難なので、まずは議論を避けたり拒絶したりしたいと感じる感情を周囲の人々が受け止めた上で、その子どもが自身の感情に向き合えるよう促すことが必要となるでしょう。

　このように、**多様な自我発達段階の子どもたちが、同じ道徳教材について、それぞれ異なる視点から考察し、対話することで各自の視点や思考を深めたり広げたりすることで、個別最適かつ協働的な学びが実現します。多様な自我発達段階の子どもたちが、一つの道徳教材**

についてそれぞれの道徳的問題関心に基づく探究をした上で対話することで、道徳的問題についての視点や思考を深めたり広げたりする批判的探究的な道徳授業を創ることが求められます。そして、そのような批判的探究的な道徳授業の授業づくりや評価に際しては、知識や技能の成長を捉える内容ベースの視点と資質・能力ベースの視点の両立が必要となるでしょう。

3　批判的探究的な道徳授業に至る段階化および内容と資質・能力を両立させた評価

探究的な道徳授業の実践については現時点でも、荒木寿友の「道徳的知の探求的な授業」のように日常生活の道徳的問題に関わる「正解のない問い」について思考を深めたり広げたりする授業実践や、田沼茂紀の「道徳科パッケージ型ユニット」の「課題探求型道徳科授業」のように多面的・多角的な思考判断に基づく共通解の発見と、それをもとにした個別の納得解の発見を目指す授業実践が行われています。荒木の授業実践では例えば教師が「競争は学校に必要か」といった問いを立てて議論を進め、思考を深めたり広げたりすることで哲学対話に関わる視点や思考は身につきますが、内容項目の学習や道徳性の成長に係わる評価の観点が不明確で、道徳科の学習としての効果は不明確なことが課題です。また、田沼の授業実践では、例えば「ぼくの物語・あなたの物語」の授業で、人種に関する言説について「本当じゃない物語」で見てしまう人の特徴について、「決めつけてしまう」ことという共通解を導き出した上で、「決めつけてしまっている人はどんな生き方をしているのか」について各自の納得解を考えさせ、どんな生き方をすればよいか、考えさせています。荒木の実践例とは対照的に共通解を共有した上で個別の納得解を発見させるので、ねらいが明確で達成度も評価しやすい反面、視点や思考の深まりや広がりを評価する資質・能力ベースの授業づくりをすることが困難です。

このように探究的な道徳授業を行う際の課題として、資質・能力の獲得を重視するあまりに、道徳的な視点や思考の方向性を規定しない問いの立て方によって議論が発散しすぎたり、逆に内容項目の理解に制約されるあまりに議論を収束させすぎたりしてバランスを取ることが困難なこと、そして、道徳科の内容項目に関する理解の評価と道徳的な資質・能力に関する評価を両立させることが困難なことが挙げられます。この課題を克服するために、内容項目の学習と資質・能力の獲得を両立させながら段階的に批判的探究的な学習を進めていく方法および内容項目の理解と資質・能力の成長の両方を捉える評価方法を提案します。

ねらいの8類型と道徳授業アップデート

まず、従来型授業から批判的探究的な学習を通して課題探究型授業に至る段階として、3つの段階を設定します。

【道徳授業1・0】ねらいの8類型に基づく資質・能力を明示した従来型授業

【道徳授業2・0】教師がねらいの8類型に沿って8つの課題を設定し、子どもたちが複数の課題を選択して回答した後、教師が設定した全体テーマに沿って対話する課題選択型授業

【道徳授業3・0】子どもたちがねらいの8類型の複数の視点から課題設定して回答する課題探究型授業

の3つです。そして、道徳科の目標に3つの小目標、

①ねらいの8類型に基づく資質・能力を子どもたちが自分なりに言語化し、自覚的に用いること

②子どもたちが授業や生活で用いるねらいの8類型に基づく資質・能力の偏りを自覚し、すべての資質・能力を顕在化し、洗練すること

③ねらいの8類型に基づく資質能力を目的や状況に応じて柔軟に使いこなせるようにな

ること
を追加します。

(1) 道徳授業のアップデートの流れ

まず、【道徳授業1・0】では学習指導案作成時にねらいの8類型のどの資質・能力を顕在化する授業か、ねらいに明記した上で中心発問を設定し、授業で子どもたちにねらいを明示します。評価に関しては、内容項目と関連する学習と資質・能力に関する学習のそれぞれの観点から子どもたちに振り返りを行わせて評価を行います。【道徳授業2・0】では子どもたちが1つの教材についてあらかじめ設定された8つの課題から複数の課題を選択して話し合いながら回答します。教材分析時に内容項目に沿ったテーマ設定を行い、ねらいの8類型に基づく資質・能力を顕在化する8つの学習課題を設定します。授業では子どもたちが8つの学習課題から複数選択して、同じ課題に取り組む人と話し合いながら回答します。そして他の課題の回答も参考にしながら複数の視点を用いて学習テーマに回答します。評価については内容項目に関する学習と資質・能力に関する学習の両方の振り返りに基づいて行います。【道徳授業3・0】では教材分析時に内容項目に沿ったテーマ設定を行った上で、ねらいの8類型のそれぞれの資質・能力を顕在化する8つの視点を設定します。授業では子どもたちは教材分析図を見ながらグループで話し合い、8つの視点から複数選択して課題設定し、回答します。そして、他のグループの課題と回答も参考に自分のグループの回答を見直します。評価については内容項目に関する学習と資質・能力に関する学習の両方の振り返りに基づいて行います。

学年や学校段階が上がるにつれて後の形態の授業へ重点を移行することで、個々の授業で内容項目に関する学習がどの程度深まったか評価するとともに、大くくりなまとまりを踏まえた評価として資質・能力に関して、どの程度複数の視点や思考を柔軟に用いることができるようになったか評価を行うことが可能になります。

ただし、内容項目の理解と資質・能力の成長の両方を捉える評価方法を確立するには、ある課題を解決する必要があります。それは、これまで道徳科の学習に関して論じられてきた資質・能力が抽象的で道徳教育の内容項目との関連性も不明確になっていたという課題です。現時点では、ねらいの8類型の8つの視点についての理解の広がりと自我発達段階の発達には、ゆるやかな相関関係が見られることが明らかになりつつあります。そこで、道徳科の各教材についてねらいの8類型の視点から該当する内容項目に沿う形で設定した問いを立てて回答する学習活動を段階的に設定することで、道徳性に係わる成長を捉える方法を提案します。

(2) ねらいの8類型について

ねらいの8類型の視点は以下のとおりです。

(1) 行為の理想追求型：道徳的問題場面ですべての人が常に実践することは難しいけれども目指すべき理想の行為を求める視点。

(2) 価値の理想追求型：道徳的問題場面や状況に含まれた道徳的価値の理想を言語化する視点。

(3) 生き方の理想追求型：道徳的問題状況での言動を長期的に支え続けるあるべき理想の習慣や生き方を捉える視点。

(4) 人格の向上追求型：道徳的問題状況の長期的な改善につながる習慣や生き方とそれらを身につけることによる個人や集団の変化を捉える視点。

(5) 集団の成長追求型：道徳的問題状況に長期的に折り合いをつけながら個人と集団双方の成長へと向かう関係性を築こうとする視点。

(6) 状況適応追求型：道徳的問題場面や状況を生み出した文脈や道徳的問題状況に対応した結果起こりうる出来事を適切かつ多様に見出す視点。

(7) 行為判断力追求型：道徳的問題場面を解決する最善の方策を根拠に基づいて見出す視点。

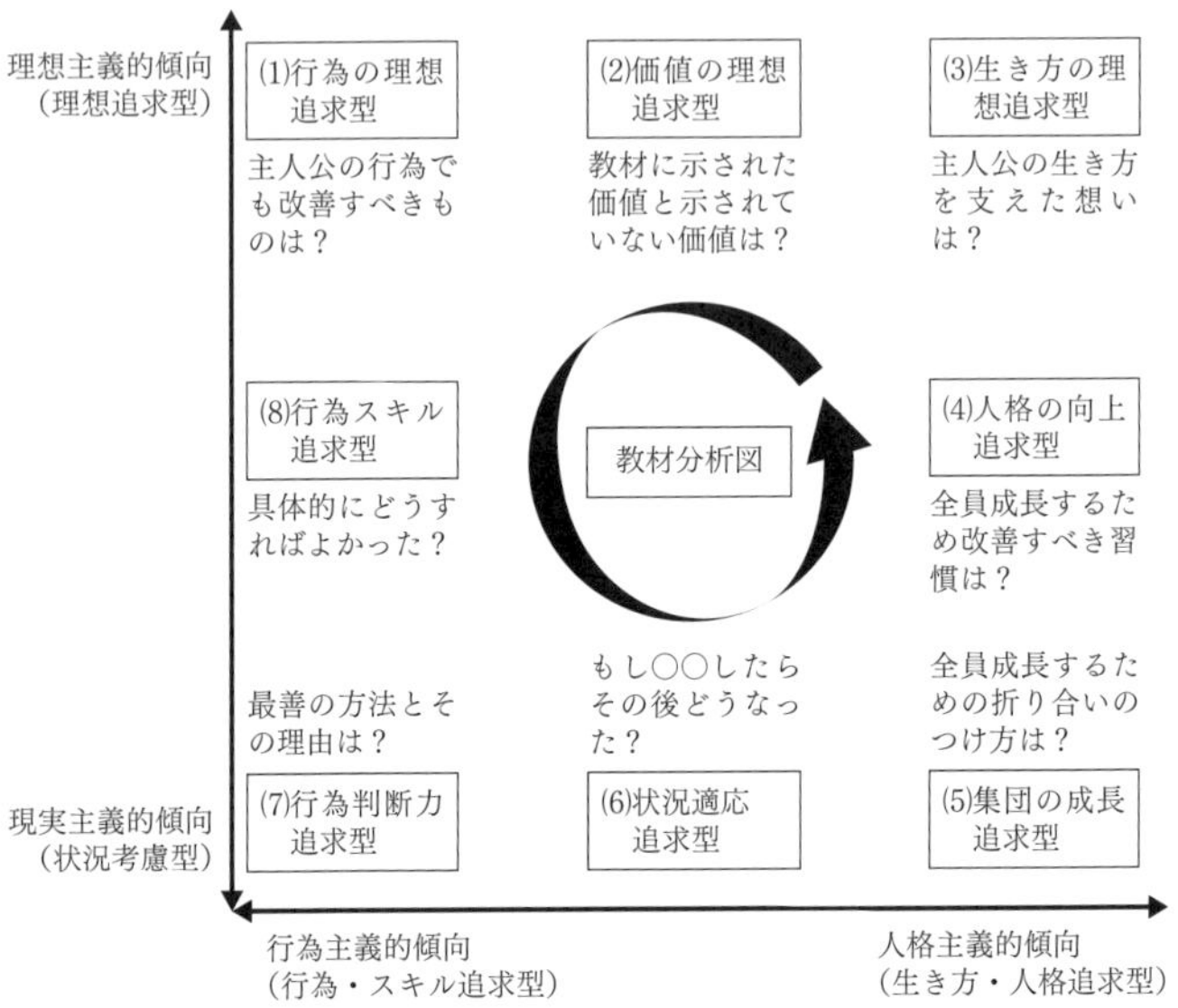

図１　ねらいの８類型の視点に沿った問い

(8)　行為スキル追求型：道徳的問題場面の解決につながる具体的な言動をその効果とともに見出す視点。

８つの視点の問いは、(3)生き方の理想追求型と(2)価値の理想追求型が規則志向的段階、(1)行為の理想追求型が順応的段階、(8)行為スキル追求型が自意識的段階、(7)行為判断力追求型が良心的段階、(6)状況適応追求型が個人主義的段階、(5)集団の成長追求型が自律的段階に、おおよそ対応しています。そのため、どの段階の問いまでその問いの視点に沿って考えられたか確認することで資質・能力の成長を捉え、各問いの回答から内容項目の理解の深まりや広がりを捉えることができます。

⑶　オンラインホワイトボードを用いた継続的な個別最適かつ協働的な学習の提案

オンラインホワイトボードの利点として、参加者全員がリアルタイムで、あるいは、それぞれの都合のよいタイミングで、課題に対する自分の考えを整理して付箋などに書き込んだり、他者の考えを見て考えを深めたり広げたりすることができることが挙げられます。この特性を生かすことで、事前学習や事後学習、および個別最適な学習が行いやすくなります。

ここでは前述の3つの段階の中間形態を作って段階の移行をよりスムースに行う試みとして**【道徳授業1・5】ねらいの8類型に基づく資質・能力を顕在化する8つの学習課題に順番に取り組む課題循環型授業**について概説します。授業前の準備としては、教材分析図をオンラインホワイトボードに貼り付けた上で、その周囲にねらいの8類型の各視点から内容項目に沿った形で作成した8つの問いを付箋に記入し、教材分析図の周囲に配置します。児童生徒には事前に教材文を読んで内容を把握してから授業に臨むよう指示しておきます。

授業では⑶生き方の理想追求型から⑵⑴⑻⑺と反時計回りに問いに答えていくと、前の問いの回答が次の問いを考える手がかりにできます。

先述の通り、各視点は自我発達段階と対応していますので、子どもがどの問いまで視点に沿って考えられたかを確認すると、資質・能力の成長を捉えることができます。【道徳授業1・5】の試行から、オンラインホワイトボード上の8つの視点の問いに順番に答える活動や、活動後の付箋を見ながら再度8つの問いに答える活動を通して、教材文を捉える視野の深まりと広がりが自我発達段階の発達も促す可能性が示唆されています。

参考文献

Susanne Cook-Greuter (2014). "Ego Development: A Full-Spectrum Theory Of Vertical Growth And Meaning Making". Uploaded on ResearchGate by Susanne Cook-Greuter on 18 November 2021 (https://www.researchgate.net/publication/356357233).

子どもの哲学（p4c）を生かして道徳の授業をデザインする

豊田光世

1　とある教室の道徳の授業を覗いてみよう

授業の始まりを告げるチャイムが鳴ると、6年1組の子どもたちは各々自分の椅子を運び、教室の中央に円になって座りました。これから始まるのは道徳の授業。今日の授業のファシリテーションを担当するFさんが、コミュニティボールと呼ばれる毛糸玉を教室の戸棚から取り出してきて、クラスのみんなに問いかけます。

「もうすぐ夏休みだけど、今、一番楽しみにしていることはなんですか」。

ボールを隣に座っている人に手渡すと、子どもたちはそれぞれが楽しみにしている夏休みのプランを話し、次々とボールをまわしていきます。「おばあちゃんに会いに行くこと」「すいか割り！」「花火大会かなぁ」……。中には無言のまま、そっとボールを隣の人に手渡す子もいます。それでも全員にボールがまわりFさんのところへ戻ってくる時には、話したり聞いたりすることのウォームアップができたからでしょうか、クラスの子どもたちの表情が少しほぐれているように見えます。準備ができたところで、いよいよ道徳の対話が始まります。

今日のテーマは「自由と責任」。このクラスでは、タブレットを使って道徳の内容項目にもとづく問いをいつでも掲示できるようになっていて、項目ごとに子どもたちが立てた問いが閲覧できます。問いから問いが派生し、さまざまな問いがつながりながら曼荼羅《まんだら》のように並んでいます。「自由と責任」という言葉のまわりには、たとえば次のような問いがありました。「今日は自由にしていいよと言われたら何をする?」「人に迷惑をかけてもやるべきことはある?」「なぜ大人の言うことを無理やり聞かされないといけないのか」「責任感のある人とない人の違いは?」「自由にしていいことと、いけないことの違いは?」。最後の問いには、「責任をとれば悪いこともしていいのか」「そもそも人はなぜ悪いことをするのか」という派生的な問いも書かれています。こうした問いを見ながら、子どもたちは授業で考えたい問いを投票で選びます。この日、選ばれたのは「そもそも人はなぜ悪いことをするのか」という問いでした。

ファシリテーターを担うFさんが対話をリードします。「少し時間をとるので、この問いについてみなさんが今考えていることを、自分のノートに書いてください」。子どもたちはそれぞれ、頭に浮かんだ考えやこの問いから派生して生まれたさらなる疑問などを、書き込みます。たくさんの考えが浮かんだ子もいれば、1、2行で手が止まった子もいます。3分ほど時間が経過したでしょうか。Fさんが「そろそろ対話を始めたいと思います」と声をかけると、子どもたちはタブレットを閉じて顔をあげました。

「まずは対話のルールを確認します」。Fさんが言うと、何人かの子どもが手を挙げました。Fさんから最初に手を挙げた子どもへ、その子どもから手を挙げている別の子どもへと、順々にボールが手渡されていきます。「話したい時は手を挙げてボールをもらう」「ボールを持っている人が次に話す人を決める」「まだ話していない人がいたら、優先的にボールをまわす」「ボールがまわってきても、話したくなかったらパスしてもいい」「セーフティを大切にする」。ボールを手にした子どもは、対話のルールを一つずつ挙げていきます。最後に挙がった「セーフティ」のルールは、対話をする時に最も大切なことです。思い浮かんだことを躊躇せず話せる場をつくるにはどうしたらよいのか……このクラスでは、どんな時にセーフティが高い、あるいは低いと感じるかを学級開きで話し合い、よりよい対話の場をつくるために必要なことを考えて教室の壁に掲示しています。対話の前にルールを確認するのは、大切なルーティンとなっています。

「では、対話を始めたいと思います。Sさんの問いだったと思うので、まずはどうしてこの問いについて考えたいと思ったかを話してくれますか」。FさんがSさんにボールを渡しました。ところが、Sさんはボールを受け取っても、ずっと下を向いて黙っています。3分ほど経過して、教師がSさんに声をかけます。「この問いすごいなと思いました。考えた時の気持ち、教えてもらえますか」。それでもSさんはずっと黙ったままです。「では、思い出した時に、いつでも手を挙げて言ってくださいね。他の人はこの問いから何を考えましたか」。Sさんからボールを受け取った教師が声をかけると、たくさんの手が挙がりました。ボールが飛び交って対話が進んでいきます。（末尾のTは、教師の発言）

――わたしが考えた悪い人は、ニュースとかに出てくる人。イライラして自分の感情を抑えられない。

――わたしも同じことを考えました。悪い人は犯罪を犯した人。

――悪い人は、自分のやっていることを悪いと思っていなかったりする。

――誰でも……悪いことをしたことがない人はいないと思うけど。

――悪い＝犯罪ではない。わたしたちが今していることにも悪いことはある。

――犯罪や悪いことをした後、反省して、次からしないと思うことが大切。

――でも自分のやったことを、ちょっとしたことだからと思ってしまっているかもしれない。

―まだ意見を言っていない人の声を聞きたいんだけど。悪い人ってどんなイメージ？

―間違えることかなぁ。わたしは何度もお皿を割ってしまった。

―間違えることとは、悪いこととは違うのでは？　さっき悪い人は自分のやっていることを悪いと思っていないという意見があったけど、どうしようもなく人を殺してしまった人もいる。一括りにしてはいけないと思う。

―話は戻るけど、何回かお皿を割ったからといって、悪い人というわけではないと思う。

みんなはどう思いますか？

―反省しないのは悪いし、わざと割るのもよくない。

―わざとか、間違いか……。

―悪いということは、間違えたこととは違うということ？（T）

―間違えて割った皿は、弁償すればいい。

―弁償すればいいの？　お気に入りの思い出のお皿かもしれない。

―大切なお皿なら人に渡さなければいい。

―弁償できない誤りだってある。人に迷惑をかけたりとか。

―慰謝料を払えばいいと思う。

―傷ついた気持ちはお金で解決できるわけではないのでは？

―お金で解決できなかったら、何で解決するの？

―素直にあやまるのが大切。お金で全て解決すると思う？

―お金じゃなくて気持ちだと思う。

―あれ？　何について話しているんだっけ？

―間違いと悪いことの違いは何かだったかな。でも、もう時間です。（T）

―えっ。まだ続けたい！（多くの子どもが続けたいと訴える）

―トイレ休憩必要だよね？（T）

―トイレは行かない。

―では15分だけ授業の時間を延ばそう。（T）

―あやまることが大切っていう意見があったけど、ごめんねという言葉より感情が大切。

―泣きながらだと許してしまう。もちろん嘘泣きはいけないけど。

―本音であやまれば許せる気がする。

―みなさん土下座ってどう思いますか？　誰でもできると思う。土下座すれば許してもらえるのかと疑問に思う。

―真剣にあやまることが大切。

―真剣というのは、相手の目を見ること。だから、泣くとか土下座とかは違うと思う。

――謝り方が許せるかどうかという話題になってきたけど、もう時間です。最後に問いを出したSさん、まだ話していないけど、何か話したい？（T）

――悪い人はなんでいるかと思って……。

授業の最後にFさんがボールを受け取り、全員が参加して簡単な対話の評価を行います。「自分の考えを伝える努力をしましたか」「他の人の話にしっかり耳を傾けましたか」「新しい発見はありましたか」「考えが深まったと思いますか」「セーフティはどうでしたか」。それぞれの問いかけに対し、子どもたちはハンドサインで評価します。

考えが深まったと答えた人は全体の約2割でした。そこで、Fさんは肯定的な評価をした人にボールを渡しました。「考えが深まったと感じたのは、たとえばどんな時でしたか」。「うーん。なんとなく深まったという実感があるかなと。たとえば、悪い人のイメージはわりとはっきりしていたのだけど、みんなと対話をしていたら、悪い人、いい人ってそんなにはっきり区別できないかなと。一括りにしてはいけないって誰かが言っていたけど、たしかに複雑だなと思って、よく分からなくなってきたので。それは深まったサインなのかなと……」。

セーフティについては多くの人が高い評価をしましたが、低い評価をした子どもも数名いました。同じようにボールを渡して理由を聞くと、「いろいろな話題があがって、なかなか対話についていけなくなってしまったので、もっとじっくり対話ができたらいいと思いました」という意見が聞かれました。それを聞いて「分からなくなってしまった時に、それが伝えられるようなセーフティがあるといいね」と教師が声をかけます。

評価を終え、「今日の対話を通して考えたこと、特に自分の考えがどう変わったかを、それぞれノートにまとめてください」とFさんがふりかえりを促しました。「授業の時間が過ぎているから、今書きたい人は続けてもらってもいいけど、ふりかえりを書くのは明日までの課題にしましょうか。もし、これまでに対話した他のテーマとのつながりがあったかどうか、そのことも意識してふりかえってください」。教師がこのように述べ、授業は終了しました。すぐにタブレットを開いてふりかえりをまとめる子どももいれば、やっとトイレに行けると教室を出ていく子どももいます。しかし、子どもたちは廊下に出ても話し続けています。「最後、どういうふうにあやまれば許せるのかっていう話になっていたけど、そもそも許してもらったら、悪いことが悪くなくなるってこと？」。対話は終わることなく続いていくように思われました。

2 「考え、議論する道徳」に子どもの哲学をどう生かすのか

わたしが前項で描写した道徳の授業の風景は、子どもの哲学という教育に従事するものとして、理想的な授業のあり方を描いたものです。子どもの哲学を道徳の授業に生かすとしたら、こんな形が望ましいのではないかと、わたしが考えたものです。ただし、ゼロから想像したわけではなく、さまざまな教育現場で提案してきたことや目にしてきたことを重ね合わせて、授業のイメージを膨らませました。特に箇条書きで示されている対話の部分は、宮城県内のある学級で実際に展開した対話を、少し短くまとめてはいるものの、ほぼ忠実に記述しています。その対話を中心に、子どもの哲学の特徴をさらに生かすとしたらどんな可能性があり得るのか、この教育に取り組む国内外の教育現場で学んだ工夫や、こんなやり方もあるのではないかというアイデアを組み込んで描いた、授業の風景です。

では、ここで示したような授業は、現在の道徳の授業において求められていること、たとえば学習指導要領に照らし合わせた時に、どのように評価されるでしょうか。おそらく高く評価される部分と、あまり評価されない部分があるでしょう。「考え、議論する道徳」の一つのあり方だと考える人がいる一方で、そうした道徳とは程遠いと考える人もいるかもしれません。

そこで本稿では、なぜわたしがこの授業を理想的だと考えるのか、その理由をいくつか挙げながら、子どもの哲学の特徴をひもとくとともに、この教育を道徳教育に生かす意義はどこにあるのかを考えます。ただし、理想と現実には、まだギャップがあり、子どもの哲学を生かした道徳の授業は発展途上です。そこで、そうした授業を展開するうえで生じ得る障壁についても触れながら、未来の可能性を考えてみることにします。

考察を進める前に、わたしが子どもの哲学という教育とどのように出会い、日本の教育現場での実践に関わってきたかについて、簡単に述べておきます。子どもの哲学は、対話を通して子どもたちの探究心や思考力を育む教育実践で、アメリカの哲学者マシュー・リップマンによって提案されました。彼は1970年代のアメリカで、考えることに焦点を当てた教育が発展途上だということを認識し、言葉の意味そのものを問いながら、前提や固定観念を揺さぶる「哲学対話」を生かした学びの原型をつくりました。この教育は、世界のさまざまな国に伝わり、各地の文化や社会的背景の影響を受けながら、多彩な形へと発展しています。

わたしがこの教育を学んだのは、2004~2006年にハワイ大学大学院に在籍していた時です。ハワイでは、トーマス・ジャクソン教授のもと、多文化共生という風土的特徴を生かした実践が展開されていました。ハワイの学校には、宗教観や世界観、文化的慣習が異なる背景をもつ子どもたちが集まっています。異なる視点を受け止めつつ、共に考えていくためにはどのような対話の場づくりが必要となるのか、この問いと向き合いながらハワイの子どもの哲学は発展してきました。多彩な視点が共有される対話の場の条件として「セーフティ」が重要であることを強調し、思考力の育成だけではなく、共に考えるコミュニティを育むうえで不可欠とされる他者へのケアや自尊心の深まりを大切にした対話に取り組んでいます。

はじめて子どもの哲学の対話を体験した時、わたしはその場の温かさを実感するとともに、こうした対話は、社会で生きるあらゆる世代の人にとって大切な営みだと強く認識しました。ハワイの子どもの哲学を日本の学校にはじめて紹介したのは２００６年のことです。当時はまだ、子どもの哲学を道徳教育に生かすことについて、あまり理解が進みませんでした。大きな変化が生まれたのは２０１３年。東日本大震災を経験し、その後の復興の過程で、子どもたちに必要な力とは何かを改めて問い直していた宮城県の学校教員との出会いによって、子どもの哲学を日本の教育現場で生かす試みが始まりました。宮城教育大学と共同で宮城県内の小・中学校における子どもの哲学の実践支援を進め、p4c みやぎと呼ばれる実践者のコミュニティづくりに携わりました。宮城県での事例をもとに、今は、さまざまな地域で、学校教員の方々と、子どもの哲学を生かした授業づくりに取り組んでいます。

ハワイの子どもの哲学には、plain vanilla と呼ばれる基本的な「型」があります。バニラアイスにトッピングやフレーバーを追加するように、学習のねらいや学級の状況に応じて、型をクリエイティブに変化させていくことができます。冒頭で描写した授業の風景は、この型をもとに子どもの哲学のエッセンスを生かしつつ、日本の道徳教育のコンテクストに合わせてアレンジしています。では、先ほどの授業風景にどのような考えが組み込まれているか、以下、3つのポイントに絞って、子どもの哲学を生かした道徳の授業のあり方を考えます。

(1) 子ども主体の学びをいかに展開するか

主体的な学びの展開は、子どもの哲学が最も重視することの一つです。原則として、対話のテーマとなる問いは、子どもが考え選びます。子どもの哲学では子どもたちが問う主体となることが重要だと考えています。なぜなら、問うことは、考えるという行為の原動力となるからです。問いは、探究の源泉とも言えます。対話の起点となる問いを子どもが選ぶからこそ、対話を拓いていく主体としての意識が生まれていきます。ただし、子どもが選んだ問いから対話を始めることに対して、抵抗感を抱く教師も少なくないでしょう。内容項目を掘り下げることにつながる「よい問い」を子どもたちが選べるかという懸念があるからです。たとえば、冒頭に記述した授業では、「自由と責任」というテーマに迫る問いとして、子どもたちが選んだ「なぜ人は悪いことをするのか」という問いは適切だったのかという疑問をもつ人もいるかもしれません。子どもが選ぶ問いと、教師が子どもに考えさせたい問いが異なるというのは、よくあることです。

それでも、子どもの哲学では、子どもたちが問いを立てて選ぶというプロセスを優先します。このプロセスそのものが、主体的学びにつながる大きな教育的意義を有しているからです。**対話のオーナーシップを子どもたちが実感できているかということが、「考えさせる」から「考える」の転換に必要**であり、対話の起点となる問いの設定を子どもたちに委ねることで、自ら学びを拓いていく経験を積み重ねてほしいと考えています。

次に、対話のファシリテーションを子どもに委ねていくことも、主体的な学びにつながるアプローチです。冒頭の対話では、Fさんという進行役を設定しました。対話を進める基本的な型があるので、型に慣れれば誰でも進行を担うことができます。子どもの哲学の実践事例でも、子どもがファシリテーターとして活躍するケースは多くあります。もちろん、対話の経験が浅い時、セーフティが低下した時、想定外のことが起きた時など、教師がファシリテートすることが重要になりますが、「教師＝ファシリテーター」と捉えることには注意が必要です。ファシリテーターとして子どもたちを深く考えさせることが教師の関心事となってしまい、子どもの主体的学びから離れていく恐れがあるからです。あくまでも目標は、子どもたちが自ら対話の場をつくり上げる力を培うことであり、そのために教師としてどのような支援ができるかを考えていく必要があります。

先ほどの対話のシーンで注目してほしいのは、「まだ意見を言っていない人の声を聞きたい」「みんなはどう思いますか」「何について話しているのだっけ？」といった子どもの発言です。ファシリテーターでなくとも、進行の重要な役割を果たしています。こうした発言の必要性を子どもたちと確認することで、**共に考えるコミュニティを子ども自身で形成することを支援**します。このことは、教育基本法に書かれている「主体的に社会の形成に参画」する態度を養うことにもつながります。

(2) 道徳科の内容項目をどのように捉えるのか

子どもの哲学の対話では、さまざまな道徳的価値が語られます。先ほどの対話でも、悪いこととは何か、悪いことをしてしまうのはなぜか、間違いと悪いことの違いは何か、どうすれば悪いことをした人を許せるのかなど、異なる問いが展開しました。時に論点が行ったり来たりすることもあり、発言が一つひとつつながっていくわけではありません。こうした対話の展開については、賛否両論あります。一コマの授業でしっかりと内容項目を深めるためには、論点を明確にしながら、共通了解を求めて焦点の定まった対話をすべきという考え方もあるでしょう。一方で、ランダムであったとしても、対話のなかで多様な視点が語られることで、それぞれの子どもの関心や経験とのつながりが見いだされ、考える契機が生まれていくということもあります。少なくともハワイの子どもの哲学では、論点を絞り込むことよりも、対話の場で多彩な声が顕在化することを重視し、ロゴス的思考だけでは捉えきれない価値のつながりの全体性を意識しつつ、そのなかで生まれる考えの変化や新たな視点の創出を大切にしていきたいと考えています。

内容項目はつながり合っていて、時に対立を生み、葛藤を引き起こします。モラルジレンマを取り上げることの重要性は、以前から道徳教育において議論されてきたことでもありますが、複数価値の連関を捉えていくことに加え、さらに必要だとわたしが考えるのは、一つひとつの内容項目を「木」として、道徳科で扱う内容項目の全体を森として見た時に、森と木の両方を行き来しながら道徳性についての理解を深めていくことです。**道徳科のなかでどのようなことを学ぶのか、その全体像を捉えながら、個々の内容項目の理解を深めていくことです。**そうした思いから、冒頭の問いを立てる場面を描きました。道徳科で考えるさまざまな内容項目が、また各項目について子どもたちが考えたさまざまな問いが、曼荼羅のように並んでいる……そんなアプローチができないかと考えました。森の全体像を捉えながら、それぞれの木を吟味していくことは、見通しをもって学んでいくことにもつながります。

森も木も見ることの重要性をわたしが強く認識したのは、ハワイのワイキキ小学校での対話に参加した時です。この学校では、「マインドフルネス（思慮深さ）」を育むことを目標として掲げていて、この大きな目標のもと、「忍耐強く続ける」「衝動をコントロールする」「理解や共感をもって耳を傾ける」「責任感をもちリスクを恐れない」など、16の具体的な心がけが示されています。これらの目標と心がけは、アーサー・コスタが提示した「心の習慣」という考え方にもとづいています。ワイキキ小学校では、学校のさまざまな場所にマインドフルネスと16の標語を掲示していて、子どもたちは常にこれらの目標を意識して学校生活を送っています。２００９年にこの学校を訪れた時、5年生の子どもたちと「校則」をテーマに対話をする機会があったのですが、そのなかで次のような展開がありました。まず「ワイキキ小学校にはどのような校則があるの？」と尋ねると、「思慮深くあること」という答えが返ってきました。対話に参加していた日本人教師は、この時点で大きな衝撃を受けます。さらに子どもたちは、「想像力を働かせて考えること」「協力し合うこと」「リスクを恐れずに挑戦すること」「忍耐強く続けること」など、具体的な心がけを次々と挙げていきました。すると、ある子どもから次のような問題提起がありました。「想像力を働かせることってよいことなのでしょうか。悪いこともあるのでは？たとえば人を困らせるために想像力を働かせることもあるし」。対話に参加していた子どもたちは、想像力を悪い方向に働かせた、つまり悪戯をしたさまざまな経験を語り始めました。すると別の子どもがこう言いました。「思慮深くあるために大切なことはいくつもあって、全てを結びつけて考えないとならないと思う。たとえば、相手への思いやりをもつということを覚えていたら、人を困らせるために想像力を働かせようとはしないのではないでしょうか」。

ワイキキ小学校の子どもたちは、具体的心がけを、単に記憶しているだけでなく、経験にもとづいて解釈し、それらのつながりを捉えながら、マインドフルネスという価値の全体像を理解しようとしているのです。同様のことが日本の道徳科でも可能であるはずです。

(3) 授業で終わらない考え続ける道徳をどのように実現するのか

道徳科は道徳教育の要であるものの、その時間で道徳の学びが完結するわけではなく、日々の学びや暮らしのなかで、道徳的価値について考え続けるきっかけをつくることが目指されています。冒頭の対話のシーンでは、対話を続けたいと教師に訴える姿や、対話が終わってから廊下に出ても話し続ける姿が描写されていますが、こうした子どもたちの様子は、子どもの哲学の対話の後で頻繁に見ることができます。対話の時間が終わっても考え続けることが、自然と促されていくのです。対話が考え続けることにつながる一つの理由に「もやもや」があるのではないかと思います。このことは、自分自身が対話に参加していて実感することです。落とし所をつくらない対話は「もやもや」を誘引し、「どうして」「でもさ」と自問自答することへとつながっていきます。もやもやを活性化させるポイントは、対話の結論を教師がまとめないことです。**それぞれの子どもが異なるもやもやを抱いているので、それらが活性化するよう、あえて結論をまとめない**のです。

また、子どもたちが自身の問いに目を向ける環境をつくることも、考え続けることへとつながっていきます。冒頭の授業風景では「問いをいつでも閲覧し、掲示できるしくみ」について記述しました。子どもたちは日常生活のさまざまな場面で、多様な疑問を抱いていますが、そのなかには、道徳的価値にかかわるものも多く含まれます。心に浮かんだ問いを記録し、集積できるしくみがあることで、道徳的価値を考えるきっかけが子どもたちの日常に自然と増えていくはずです。そのためにすぐにできる工夫があります。教室内に思い浮かんだ問いを投函できる箱を設置したり、教室や廊下の壁の一角を子どもたちがいつでも問いを掲示できる場所として活用したりすることです。新潟県佐渡市のある小学校では、「人はなぜ生まれるのか」「どうして人は憎むのか」「人にはなぜ欲があるのか」……人間理解に関するさまざまな問いが廊下に掲示されていました。子どもたちはよく壁の前で立ち止まって、問いを眺めているそうです。そして新たに浮かんだ問いを書き残していきます。こうした工夫によって、自問自答が自然と促され、考え続ける道徳の土壌が育まれることが期待できます。

3　子どもの哲学を道徳教育に生かすうえでの障壁は何か

本章でわたしが試みたことは、子どもの哲学の実践に従事するものとして、実現したいと思う道徳科の授業のあり方を、現行の制度に縛られずに自由に描くことでした。描写した授業風景に対して、教科書は使わなくてよいのか、論点を絞らずに子どもが対話を自由に展開することで本当に全ての内容項目を網羅できるのか、それぞれの内容項目の理解が深まったかどうかどのように評価するのかなど、いくつもの疑問が投げかけられるかもしれません。子どもの哲学を道徳教育に生かすためには、こうした疑問を一つひとつ解消していく必要があります。疑問のなかには、技術的に解決できるものと根本的な考え方の転換が必要なもの、個人で対応可能なものと制度的変革を要するものなど、異なるレベルのものがあるでしょう。さまざまな疑問や課題と向き合いながら、それでも子どもの哲学を授業に生かすことを提案してきた理由は、この教育のなかに「考え、議論する道徳」そして「主体的・対話的で深い学び」を具現化するための手がかりが多く散りばめられているからです。

学習指導要領では、道徳科の内容項目を「教師と児童が人間としてのよりよい生き方を求め、共に考え、共に語り合い、その実行に努めるための共通の課題」と定義しています。共に考え、語り合うためには、教師のマインドセットを大きく変化させ、考え、議論させる道徳から脱却していくことが求められます。このマインドセットの転換は、道徳だからこそやりやすいのではないかと思います。なぜなら、道徳的価値をめぐる問いは、**わたしたちが日々直面している問いでもあり、まさに子どもと大人が共に考えることができる課題であるはずだから**です。「悪いと分かっていても、そうした行為をわたしたちがしてしまうのはなぜか」「他者の間違いを許す心とはどのようなものか」「あやまる気持ちが大切だと分かっていても、なぜ形としての謝罪を求めるのか」……など、本章で描写した対話と重なり合うこれらの問いは、わたしたち大人にとっても非常に考えさせられるものです。道徳的価値をめぐるさまざまな問いは、世代を超えて共に考え、語り合うことを、本質的に必要としています。子どもの哲学には、そうした場をつくるうえで必要となる具体的な方法が体系化されており、この教育がこれからの道徳教育において果たし得る役割は大きいはずです。

参考文献

豊田光世『p4cの授業デザイン―共に考える探究と対話の時間のつくり方』明治図書、2020
p4cみやぎ・出版企画委員会『子どもたちの未来を拓く探究の対話「p4c」』野澤令照編、東京書籍、2017

マシュー・リップマン『探求の共同体：考えるための教室』河野哲也・土屋陽介・村瀬智之監訳、玉川大学出版部、２０１４

Costa, Arthur L. "Describing the Habits of Mind." In Discovering and Exploring Habits of Mind, ed. Arthur L. Costa and Bena Kallick. Virginia: Association for Supervision and Curriculum Development, 2000.

＊子どもの哲学の教育理念や手法に関する文献の一覧は以下論稿を参考のこと

豊田光世「子どものための哲学が拓く「対話的学び」の境界を超えた探究」M. R. グレゴリー・J. ヘインズ・K. ムリス編『子どものための哲学教育ハンドブック：世界で広がる探究学習』

Society5.0 時代の道徳教育
―ICTとケアリングの融合―

中野啓明

1　コロナ禍の中での大学の授業

２０２０（令和２）年４月、私たちは、忘れることのできない新学期を迎えました。新型コロナウイルスの感染が拡大する中、日本中、いや、世界中の大学で、どのように授業を行い、教育活動を持続していくのか、その対応に追われていたからです。

当時、私は、勤務先の大学（以下、本学とします）で教務関係の責任者であったため、全国の小学校・中学校等が一斉臨時休校となった3月から、この問題への責任者として対応せざるを得ない状況に置かれていました。県内外の大学の対応状況を確認したり、学内のＩＣＴ（Information and Communication Technology）担当部局と連携を取りながら、どういったシステムを用いればよいかを検討していました。その結果、会議システムとしてＺｏｏｍを使用すること、資料や課題の配布・出席確認等を行うためのシステムとしては、既に導入済みであった学内サーバーを使用する学務情報系システムとＬＭＳ（Learning Management System）の一つであるmoodleに加え、クラウドを活用したGoogle社のサービスであるGoogle Classroomを加えた、複数のシステムを併用することとしました。と同時に、学生への周知、非常勤講師も含めた全教員へのＦＤ（Faculty Development）研修会を実施するなどして、授業開始に向けた準備を進めました。

幸いにして本学の場合、大学として学生一人ひとりにコンピュータを貸与していました。そのため、学生配布用のマニュアルは、スマートフォン用やタブレット端末用等の複数のマニュアルを用意するまでには至りませんでした。特に、新入生に対しては、４月中旬にオリエンテーションを対面形式で実施することができたため、コンピュータの基本的な操作方法について直接指導することができました。

本学のある新潟県では、４月22日から緊急事態宣言が終わる5月6日までの間、新型コロナウイルス感染症拡大防止のための緊急事態措置が取られたため、大学の授業は5月７日から開始することとなりました。今にして思えば、このことは、ある程度の準備の時間を教員にも、学生にも取ることができたかとは思います。

こうして、２０２０年度前期の授業は、完全遠隔方式でスタートすることとなりました。

その後、２０２０年度後期からは、学生を2グループに分け、対面授業を受けるグループと遠隔授業を受けるグループを隔週で入れ替えて授業を実施するという、ハイブリッド（ハイフレックス）形式の授業を行ってきました。また、2021年度後期には、完全対面授業も2ヶ月間実施することができました。

こうして、本学では、2020年度から（この原稿執筆時点である）2022年度に至るまでの間、完全遠隔授業、ハイブリッド（ハイフレックス）型授業、対面授業といった授業形式を新型コロナウイルスの感染状況に応じながら使い分けることによって、何とか教育活動を継続してきたところです。

この3年間の中で、私が特に印象に残っている出来事が二つあります。

一つは、完全遠隔授業を行っていた時の大学構内の様子です。学生が一人もおらず、誰の声も聞こえず静まりかえった大学の校舎は、「廃墟」のような空間でした。大学というのは、学生あっての存在であることをあらためて実感したところでした。

もう一つは、2020年度の後期になって、登校したグループの学生たちが、再会を喜びあう姿です。中には手を取り合ったりする学生もいました（感染症対策としては望ましいことではないのですが）。こうした学生の姿を見て、人間というのは相互にふれあいたい存在なのだということも、あらためて実感したところでした。

私自身、完全遠隔授業であっても、Ｚｏｏｍのブレイクアウトルームの機能などを活用して、学生間の交流の時間は何とか確保するようにはしていました。しかし、再会を喜ぶ学生たちの姿からするならば、**どんなにＩＣＴの技術が進歩しようと、学生相互が直接ふれあうことの重要性、その価値の普遍性は揺るぎないことである**ことにも気付いたところです。

新型コロナウイルスの感染拡大を受け、大学の教師と大学生のＩＣＴスキルは、一気に数年分は前進したと思います。その一方で、新型コロナウイルスの感染が終息すれば、大学の授業は全て、以前の状態に戻るのでしょうか。

ＩＣＴを活用することによってできることとできないことは何か、対面でこそできることとできないことは何かを、今こそ明らかにする必要があるのではないでしょうか。

2　ＧＩＧＡスクール構想の実現

ところで、２０２０年度当初の小・中学校等での様子はどうだったでしょうか。

大学以外の多くの小・中学校等では、一斉臨時休校の期間中は、紙ベースでの宿題が課されているケースが多かったと思います。したがって、指定の日時に学校に宿題を取りに行く、宿題を提出するということが行われていたかと思います。また、地域によっては教育委員会が学習動画を配信したりするという取り組みも行われていましたが、その本数は必ずしも多くはなかったようです。タブレット端末を使用して、オンライン形式で授業を行うという取り組みは、一部の学校を除いて、多くの小・中学校等では、ほとんどなされていなかったといえるでしょう。

こうした実態もあってか、当初は3年計画であったＧＩＧＡスクール構想が、２０２１年度には完全実施されることになります。

ＧＩＧＡスクールのＧＩＧＡとは、Global and Innovation Gateway for All の略です。ＧＩＧＡスクール構想の目的を端的にいうならば、世界標準となってきている、授業の中でのコンピュータの利活用を促していこうとするものです。もっといえば、日本は国として、教科書と同様、**学習者用の端末が一人ひとりの子どもたちの手元にあることを保障していこうとしていることの現れ**であるといえます。

このことは、普段の授業において、学習者用端末を、筆記用具とノートと並ぶツールの一つとして教室の中で使用することが可能となったことを意味しています。

ＧＩＧＡスクール構想が策定された背景の一つには、ＯＥＣＤ（経済協力開発機構）による調査結果を挙げることができるでしょう。ＯＥＣＤが２０１８年に実施した調査において、授業の中での学習に関する場面でデジタル機器を活用するという調査項目について、日本は加盟国の中でほとんどの教科において最下位という状況でした。また、学校外においてコンピュータや携帯電話・モバイル端末を使用して宿題をするという調査項目においても、最下位という状況でした。こうした状況は、前回の2015年の調査においても同様でした。つまり、日本の教育界は、世界の教育界の状況から、大きな遅れを取っているという実態があったわけです。

もちろん、日本も手をこまねいていたわけではなく、様々な政策や多額の財政措置を講じてきてはいました。「学校における教育の情報化の実態等に関する調査結果」を都道府県や市町村毎に公開したりもしていましたが、状況は好転しなかったのが実際のところでした。そこで、2019(令和元)年6月に学校教育の情報化の推進に関する法律が制定されるに至りました。GIGAスクールは、こうした背景のもとで構想され、実行されてきたのです。

GIGAスクール構想のもと、実際に使用されている端末には、多様な機種が使われていますが、単価としては5万円以下のものがほとんどです。メモリは4GB程度で、端末内部のストレージ容量も多くはなく、端末のスペックとしては決して高いものではありません。これは、2019(令和元)年12月に文部科学省が公表した「GIGAスクール構想の実現パッケージ」において明示された、「**クラウド・バイ・デフォルト**」という原則に基づいているからです。GIGAスクール構想は、クラウドを活用する前提で計画されているのです。

このクラウド・バイ・デフォルトという考え方こそ、後述するＩＣＴを活用しながら「個別最適な学習」を具現化する際に重要となる「学習履歴（スタディ・ログ）」などのデータの蓄積には欠かせない考え方なのです。

従来の教育現場におけるコンピュータの利用方法としては、各教員が自分の端末内でファイルを作成し、保存するという方法が一般的であったかと思います。もちろん、メールを利用したり、必要な情報をインターネットで検索したり、校内のファイル・サーバーにファイルを保存するということもあったかと思います。

しかし、クラウドを活用することを前提とするクラウド・バイ・デフォルトの原則は、作成した教材や資料等のデータを教員個人のものだけではなく、校内や市町村等の中での共有財産とすることを可能とします。また、共同編集機能を活用するならば複数の教員が協働しながら教材や資料を作成することも可能となります。さらに、共同編集機能を活用することで、学習者相互で協働学習も実現することができるのです。

3 「個別最適な学び」と「協働的な学び」の実現

ＧＩＧＡスクール構想が進行中の２０２１（令和３）年1月、中央教育審議会においては、『令和の日本型学校教育』の構築を目指して～全ての子供たちの可能性を引き出す、個別最適な学びと、協働的な学びの実現～（答申）」（以下、「答申」と略記します）を取りまとめました。ここでいう「個別最適な学び」や「協働的な学び」とは何でしょうか。

① 個別最適な学び

「個別最適な学び」について、答申では次のように説明しています。

「『指導の個別化』と『学習の個性化』を教師視点から整理した概念が『個に応じた指導』であり、この『個に応じた指導』を学習者視点から整理した概念が『個別最適な学び』である。」

「個別最適な学び」とは、従来からも教師の視点からいわれてきた「個に応じた指導」（「指導の個別化」と「学習の個性化」）を、学習者の視点から整理し直した概念であるといえます。では、従来からも行われてきたとする「指導の個別化」と「学習の個性化」について、答申ではどのように捉えているのでしょうか。

答申では、まず、「指導の個別化」について、次のように説明しています。

「全ての子供に基礎的・基本的な知識・技能を確実に習得させ、思考力・判断力・表現力等や、自ら学習を調整しながら粘り強く学習に取り組む態度等を育成するためには、教師が支援の必要な子供により重点的な指導を行うことなどで効果的な指導を実現することや、子供一人一人の特性や学習進度、学習到達度等に応じ、指導方法・教材や学習時間等の柔軟な提供・設定を行うことなどの『指導の個別化』が必要である。」

そして、「学習の個性化」についても、次のように説明しています。

「基礎的・基本的な知識・技能等や、言語能力、情報活用能力、問題発見・解決能力等の学習の基盤となる資質・能力等を土台として、幼児期からの様々な場を通じての体験活動から得た子供の興味・関心・キャリア形成の方向性等に応じ、探究において課題の設定、情報の収集、整理・分析、まとめ・表現を行う等、教師が子供一人一人に応じた学習活動や学習課題に取り組む機会を提供することで、子供自身が学習が最適となるよう調整する『学習の個性化』も必要である。」

答申にある「教師が支援の必要な子供により重点的な指導を行う」ということや「子供一人一人の特性や学習進度、学習到達度等に応じ、指導方法・教材」を柔軟に提供・設定すること、「教師が子供一人一人に応じた学習活動や学習課題に取り組む機会を提供する」ということは、これまでの「道徳」（カギ道徳）の時代や、道徳科となってからの道徳授業の中でも大切にしてきたことではありります。

しかしながら、「個別最適な学び」として重要なことは、**これからの教師には、学習者自身が自らの学習の状況を把握し、学習を調整することができるよう促していくことが求められる**ということです。そのためには、学習履歴（スタディ・ログ）などのデータを蓄積するとともに、これを分析し、利活用していくといった方策も必要となるでしょう。

「個別最適な学び」を具現化する方策の一つとして、国語科や算数・数学科等の教科では、教育関係の会社が開発した、パッケージ化されたドリル型の学習アプリ等を活用する場面が増えてくるでしょう。ですが、唯一の「正解」ではなく、子ども一人ひとりの「納得解」を志向する道徳科の場合、ドリル型の学習アプリを作成することは難しいでしょう。

道徳科の場合には、一人ひとりの子どもの学習記録を収集・分析することで、一人ひとりの学びの軌跡を追ったり、教材毎にどのような学びがあったのかを分析したりすることが可能となるのではないでしょうか。

② 協働的な学び

もう一方の「協働的な学び」とは、何でしょうか。

答申では、「協働的な学び」の必要性について、次のように説明しています。

「『個別最適な学び』が『孤立した学び』に陥らないよう、これまでも『日本型学校教育』

において重視されてきた、探究的な学習や体験活動などを通じ、子供同士であるいは地域の方々をはじめ多様な他者と協働しながら、あらゆる他者を価値のある存在として尊重し、様々な社会的な変化を乗り越え、持続可能な社会の創り手となることができるよう、必要な資質・能力を育成する『協働的な学び』を充実することも重要である。」

答申では、「協働的な学び」において、「異なる考え方が組み合わさり、よりよい学びを生み出」すこと、「お互いの感性や考え方等に触れ刺激し合う」こと、「人間同士のリアルな関係づくりは社会を形成していく上で不可欠」であるとしています。その上で、「協働的な学び」において生起する「様々な場面でリアルな体験を通じて学ぶことの重要性が、ＡＩ技術が高度に発達するSociety5.0時代にこそ一層高まる」としています。

こうした指摘は、学校の教育活動全体を通じて行う道徳教育において、今後も、具体的な体験活動を重視すべきであることを示唆していると考えることができます。また、道徳科の授業に限らず、授業の中で子ども相互が話し合いを通じて高め合うという活動についても、今後も重視すべきであることを示唆していると考えることができます。

答申では、これまでの「日本型学校教育」において重視されてきた「協働的な学び」の方法だけではなく、「協働的な学び」においてＩＣＴを活用することの意義を、次のように説明しています。

「ＩＣＴの活用により、子供一人一人が自分のペースを大事にしながら共同で作成・編集等を行う活動や、多様な意見を共有しつつ合意形成を図る活動など、『協働的な学び』もまた発展させることができる。」

ＩＣＴの活用と「協働的な学び」は相反するものではなく、ＩＣＴの活用によって「協働的な学び」も発展するとしているのです。その際、重要となってくることが、子ども相互が「意見の共有」をするだけではなく、共同編集機能を活用してクラウド内のファイル等を「共同作成・編集」するという活動なのではないでしょうか。

4　ノディングズのケアリング教育論

「**1　コロナ禍の中での大学の授業**」で述べた子ども（学生）相互のふれあいや、先に述べた「協働的な学び」にも関わる、人と人の関係性を重視するという考え方は、ケアリング(caring）の考え方にも通じるものです。

「ケアリング」に関する研究の先駆者としては、ミルトン・メイヤロフ（Milton Mayeroff)、リチャード・E・ハルト（Richard E. Hult, Jr.)、ネル・ノディングズ（Nel Noddings）を挙げることができますが、特に、ノディングズは、教育学の領域におけるケアリング研究の第一人者といってよいでしょう。

ノディングズは、ケアリングについて、次のように定義付けています。

「ケアリング関係（caring relation）は、もっとも基本的な形において、ケアする人（carer）と、ケアの受取人すなわちケアされる人（cared-for）という、二人の人間存在間のつながり（connection）、もしくは出会い（encounter）である。」[1]

ノディングズは、ケアする人とケアされる人という二人の人間存在間のつながりを、ケアリングの基本的な図式としています。

ノディングズは、また、「ケアリング関係は、ケアする人には専心没頭（engrossment）と動機づけ転移（motivational displacement）を要求し、ケアされる人には応答（responsiveness）や助け合い（reciprocity）といった形を要求する。」[2]とも述べています。ノディングズによれば、ケアリングの関係を維持するためには、①ケアする人には「専心没頭」と「動機づけ転移」を、②ケアされる人には「応答」と「助け合い」を、求めているのです。なお、ノディングズが、「応答」の例として、微笑み、質問、努力、協同といった肯定的なものだけでなく、拒絶という否定的なものも挙げていることは、興味深いといえるでしょう。というのも、ケアされる人に対して、肯定的な応答のみを求めていては、ケアされる人のバーン・アウトを招きかねないからです。

ところで、ノディングズが唱えているのはケアリング教育（education of caring, caring education）です。一方、ハルトが唱えているのは、教育学的ケアリング（pedagogical caring）です。教育的ケアリング（educative caring）[3]は、教育学的ケアリングとケアリング教育とを含んでいる考えになりますが、教育学的ケアリングとケアリング教育の相違点はどこにあるのでしょうか。

教育学的ケアリングとケアリング教育の第一の相違点は、**教育学的ケアリングが役割関係性を重視するのに対し、ケアリング教育では密接な人的関係性（close personal relationship）を重視している点**です。

ハルトは、教育学的ケアリングが、3つの認識水準から成り立っているとしています[4]。第一の認識水準は、**子どもの個性を尊重する水準**であり、その子の独特な才能を尊重したり、その子をありのまま受け止めたりするといったことなどを、その例として挙げることができます。第二の認識水準は、**子どもを、人格を持った存在として認めるという水準**であり、その子の行動の訳を聞いて理解したり、その子の間違いやつまずきを認めたりするなどを、その例として挙げることができます。第三の認識水準は、**役割保有者としての水準**であり、その子の意見を上手にまとめたり、間違いやつまずきに対して指導技術をもって対処したり、授業についてくることのできない子に個別指導を行うことなどを、その例として挙げることができます。

　ハルトは、３つの水準が教育学的ケアリングには必要とされるとしながらも、多くのティーチングの場面においては第一の認識水準での関係性を認めないし、必要ともしていないとしています。ハルトは、第三の認識水準こそ、教育学的ケアリングに固有のものと捉えているのです。

　こうしたハルトの主張に対し、ノディングズは、母親が役割でないのと同様に教師も役割ではないとして、「出会いが頻繁に起こるような、そして他の人の倫理的な理想に必然的に関わるような様々な専門職においては、私は、なによりもまずケアする人であり、第二に専門化した特別な諸機能を果たしているのである。教師としては、私は第一にケアする人である。」[5]としています。役割関係性を重視するハルトに対して、ケアリング教育を主張するノディングズは、密接な人的関係性を重視しているのです。

　教育学的ケアリングとケアリング教育の第二の相違点は、**教育学的ケアリングが教師による子どもへの直接的なケアリングに焦点があるのに対して、ケアリング教育は子ども自身にケアリング能力を形成していくことに焦点がある点**にあります。

　ノディングズは、ケアリング教育の方法として、モデリング、対話、実践、確証を提唱するとともに、ケアリング教育の領域として、ユニバーサル・カリキュラムとしてのケアリング・カリキュラムも構想しています。このケアリング・カリキュラムは、①自己へのケアリング、②仲間内での（身近な人々への）ケアリング、③見知らぬ者や遠い他者へのケアリング、④動物・植物・地球へのケアリング、⑤人工的世界（物や道具）へのケアリング、⑥観念へのケアリング、という6つの領域から成り立っています。

このケアリング・カリキュラムの6領域は、道徳科の内容項目にも重なってくるといえるのではないでしょうか。すなわち、「A 主として自分自身に関すること」は①の自己へのケアリングに、「B 主として人との関わりに関すること」は②の仲間内での（身近な人々への）ケアリングに、「C 主として集団や社会との関わりに関すること」は、③の見知らぬ者や遠い他者へのケアリングに、そして「D 主として生命や自然、崇高なものとの関わりに関すること」は④や動物・植物・地球へのケアリングや⑥の観念へのケアリングに関わってくるといえるでしょう。

ケアリング教育では、ケアリングの対象は、人にとどまらず、動植物や事物、観念にまで拡大している点に特徴があります。

5　ケアリングの視点からのＩＣＴの活用

Society5.0 の時代は、全ての人やモノがインターネットにつながっている時代であり、「データ駆動型社会」の時代であるといえます。新型コロナウイルスの感染拡大という、１００年に一度と言われる未曾有の事態を経験した今こそ、ＩＣＴを活用することによってできることとできないことは何か、対面形式で人と人が直接ふれあう中でこそできることとできないことは何かを、再考する必要があるのではないでしょうか。

データを記録する、蓄積する、検索する、共有する、共同編集作業を行う、再利用する、加工するといった点では、ＩＣＴ機器を活用することのメリットは大きいでしょう。

それに対し、五感を働かせながら個別・具体的に人や動植物・事物等にリアルに関わるというケアリング活動では、直接ふれあう中でしか実感できないような体験もあるはずです。

教育活動の中でこうした体験を記録する手段は、今までの教育実践では主として文字記録に依存することが多かったのではないでしょうか。ですが、タブレット端末を学習ツールとして活用するならば、文字だけではなく、写真や動画などの映像データを、子ども一人ひとりが自身の学びの記録の手段として積極的に活用していくことも可能となってくるはずです

（もちろん、個人情報に配慮する必要はありますが）。

また、こうした学びの記録をデータとして残し、ポートフォリオのようにその後の学習へと活用していくことは、その子ども自身の「観念へのケアリング」を促すことにもつながることであるといえるでしょう。

一方、教師の側から見た場合はどうでしょうか。

近年、「主体的・対話的な深い学び」に関わる学習活動として、グループに分かれての話し合いの活動が多くなってきているように思います。こうしたグループ毎の話し合いの活動が行われている時、多くの教師はグループを順に見て回っていることが多いように思います。

グループではなく全員での話し合いならば、子どもの発言を板書で整理しながら話し合いを組織していくことは、技量のある教師ならば容易なことでしょう。ですが、グループ毎の話し合いが行われている場面において、実際にはどの程度、教師はそのグループで行われている活動の内容を把握できているのでしょうか。

もちろん、グループ毎で話し合った結果は、模造紙やミニ・ホワイトボードで記録されてはいます。けれども、グループ毎に実際に話し合っている、まさにその瞬間に、その子がどのように学んでいるかは、その子の傍らにいなければ、見て取ることはできないはずです。

とするならば、今見ているグループ以外の他のグループ内での活動の様子は見ていないことになります。このギャップを少しでも埋めるために、多くの教師はグループを順に見て回っているのでしょう。いずれにしても、グループ活動を行うには、教師には学級全体で一斉に話し合いを行っている場合以上に、高い技量が求められているといえます。

では、こうしたグループに分かれての話し合いの活動にＩＣＴを利用すると、何が変わってくるでしょうか。

例えば、グループ毎に共同作業用のファイルをクラウド上に用意しておき、教師も全てのグループのファイルを開いておけば、各グループの活動状況をモニタリングすることが可能となります。具体的には、いま、誰が、どのように書き込んでいるのかといった状況がリアルタイムで把握できるわけです。換言すれば、誰が、どこでつまずいているかを把握することが可能となります。同様に、クラウド上に子ども一人ひとりのファイルをアップしておけば、一人ひとりの活動状況をモニタリングすることも可能となります。

こうしたクラウド上に共同編集可能なファイルを置いておくというＩＣＴの活用方法は、教師による子どもへのケアリングを、より個別に、より深く行うことにつながるのではないでしょうか。つまり、**ＩＣＴは、教師にとって、子ども一人ひとりの学びをケアするためのツール**となり得るのです。

道徳科の授業では、授業の終末において、「まとめ」や「振り返り」を記入することが多いと思います。Google forms などを通じて、毎回の「まとめ」や「振り返り」を蓄積していくことによって、教師は、一人ひとりの子どもがどのように学んでいったのかを分析することも可能となるでしょう。

教育活動の中でＩＣＴを活用することは、あくまでも手段であり、目的ではありません。

その上で、子どもたちの学びを、より豊かに、より確かなものにするために、どのような場面で、どのようにＩＣＴを活用するのかを考え続けることが、これからの時代の道徳教育、道徳科の授業の質を向上させていくには必要となってくるのではないでしょうか。

【註】

1 Nel Noddings, 1992, *The Challenge to Care in Schools: An Alternative Approach to Education*, Teachers College Press p.15.　引用文中の傍点は、原文ではイタリック体である。

2 Nel Noddings, 1984, *Caring: A Feminine Approach to Ethics & Moral Education*, *University of California Press*, p.150.　引用文中の傍点は、原文ではイタリック体である。

3 「教育的ケアリング」については、以下の文献を参照願いたい。中野啓明、２００２年、『教育的ケアリングの研究』、樹村房。

4 Richard E. Hult, Jr., 1979, "On Pedagogical Caring", *Educational Theory*, Vol.29, No.3, pp.237-243.

5　Noddings, *Caring,* p.176.

【参考文献】

中野啓明編著、２０２１年、『ＧＩＧＡスクールに対応した小学校道徳ＩＣＴ活用BOOK』、明治図書。

バーチャル・リアリティは道徳科授業を変えるか？

藤澤　文

２０１８年に道徳科が設定され、道徳教育に関わる利害関係者は子どもたちが考えたり議論したりすることのできる授業を提供しようと努めています。しかし、近年、COVID-19の影響により活発的な対面討論の実施は難しくなっています。一方、ＧＩＧＡスクール構想の前倒しにより、いずれの学校においてもＩＣＴを併用した授業が可能になり、オンライン上には非対面ではありますが、活性化した議論を行える学習環境が整いました。しかし、これを実施するには、教師が「考え、議論する」ことのできる道徳科授業の教授法を習得している必要があります。そこで、本稿では、学校・教員養成・教員研修が連携することにより、教師が「考え、議論する」道徳科授業の教授法を習得できるようになることを目指すという協同モデルの考え方に依拠し、教員養成および教員研修に組み込むことのできる、ＩＣＴを用いた「考え、議論する」道徳科授業の教授法のひとつとして、バーチャル・リアリティ（ＶＲ）を提案します。そして、ＶＲ技術の特徴を概観し、道徳科の内容項目に即し、ＶＲ教材の応用可能性について論じます。

1　「考え、議論する」道徳科授業の教授法の習得に関する現在

道徳科の開始に先立ち、教師は数多くのさまざまな職務を果たしながら道徳科の新しい教授法に関する研修も積み重ね、子どもたちが考えたり議論したりすることのできる道徳科授業を提供しようと努めてきています。これらの学校ではすでに積み重ねてきた知見をどう継承していくか、新しく赴任してくる教師にどのように共有していくかといった新しい課題に直面するようになってきています。一方、教師が独力で工夫を積み重ねているという場合もあると思われます[1]。確かに、「考え、議論する」道徳科授業の行い方、道徳科学習指導案作成などに関する情報は数多く世に送り出されており（例：田沼編、２０２１）、教師はそれらを用いて学ぶことができます。しかし、教職学生には少し難しいと考えられます。また、すべての利害関係者があらゆる教育活動の中で道徳科授業に最も関心があるわけではありません（その必要もありません）（永田・藤澤、２０１２；藤澤、２０２２）。このような中、どうすれば利害関係者は「考え、議論する」道徳科授業の教授法を習得し、洗練させることができるのでしょうか。

2　だれもが「考え、議論する」道徳科授業の教授法の習得を目指せるシステムの提案

道徳科の開始以来、「考え、議論する」ことに重きが置かれたため、現職教師の中には以下の3つのタイプが存在すると考えられます。

一つは、教職課程在籍期間が履修課程の移行期にあたり、「考え、議論する」道徳科授業の教授法を学ばずに教職に就いた若手教師です。もう一つのタイプは、かねてより道徳科授業を実施し知見を積み上げてきていますが、新しい教授法には不慣れな教師です。最後に、これまで道徳授業経験をあまり積めていませんが、道徳科授業を行う必要が出てきた教師です。

このような状況を踏まえ、藤澤（2020、2022）はシステム思考（Stoh, 2015）を援用し、学校（授業実践）・大学（教員養成・研修）・教育委員会（教員研修）が連携（対話）し、教員養成および教員研修の内容に受講者が期待する内容を組み込むことにより、「考え、議論する」道徳科授業に不慣れである教師および教職学生（以下、道徳科授業初学者）がスムースにこの教授法の習得を目指せるような足場づくりをする協同モデルを提案しています。

システム思考とは「望ましい目的を達成できるように、要素間の相互のつながりを理解す

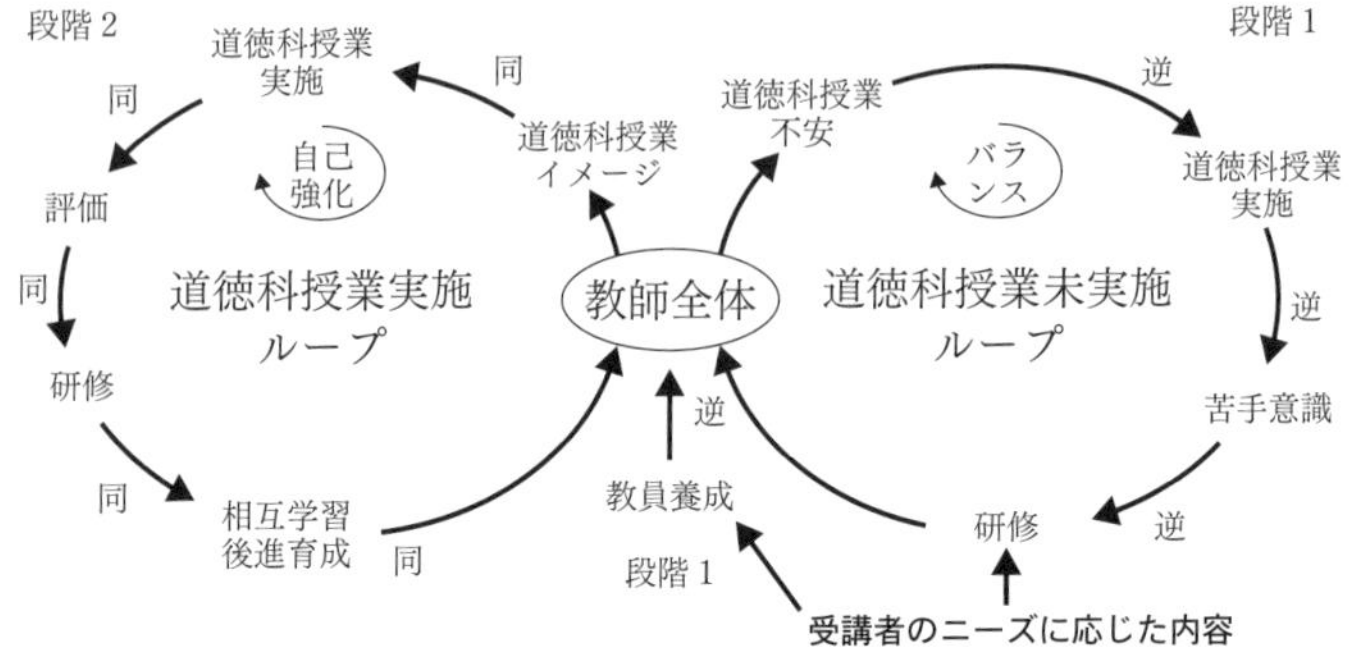

Figure1：「なぜ、教師によっては「考え、議論する」道徳科授業を実施することが難しいか？」に関してシステム思考を用いたループ図とその解決策（藤澤、2020）

注：図中の同は正の関係、逆は負の関係を指します。

る能力」と定義され（Stoh, 2015）、フィードバック・ループの概念に基づき、ループ図を用いてシステムを捉えます。フィードバック・ループは原因から結果への一方向的・線形の因果関係だけでなく、結果が原因へ影響を与える双方向・感情の因果関係がある際に、その相互作用の系の構造のことも指します。そして、組織はシステムであり、「分かたれることのない全体」として機能するという考え方に立ちます（Senge, 1990）。現在の道徳科授業にまつわる教師の状況についてシステム全体をループ図により表すとFigure1のように考えることができます。教師はみな教員養成課程（段階1）[2]を通過します。一部は道徳科授業実施イメージを形成した後に着任し、着任後は道徳科授業を実施し、一定の評価や手ごたえを感じ、道徳科授業経験回数が増え上達していきます。さらに、教員研修への参加により知識や経験を増やし、その後もほかの教師と共に学び、後進への助言も行なうようになります。そして、教師生活を通して自身の道徳科授業を発達させていきます（自己強化ループ、段階2）。他方、道徳科授業実施のイメージを十分に形成する前に着任した教師は授業実施への不安が高くなります。そして、可能な限り道徳科授業を実施しません。よって、道徳科授業経験回数は少なくなり、授業実施への苦手意識は高まります。そして、道徳科授業の研修にも参加しなくなります。仮に目的意識を持ち研修に参加をしても、自身が持つ課題（段階1）とは異なる講義（段階2）が展開されているため学びが少なくなります。よって、道徳科授業を可能な限り行わず、残りの教師生活を過ごすことになります（バランスループ、段階1）。

Fujisawa（2022a）は道徳科授業初学者が「考え、議論する」道徳科授業の実施を目指すという学びを手助けする教授法のひとつとして、調査を踏まえた上で、教員養成および教員研修の受講者のニーズに応じた内容として**モラルジレンマ討論**（**ＭＤＤ**）をシステムに投入しています（Figure1 参照）。ＭＤＤには複数の価値観や役割が葛藤するストーリーが使用されていて、参加者は思わず自分の考えを話したくなります。ＭＤＤは、学校現場で長年、効果が検証されてきています（Araki, 2014）。そこで、Fujisawa（2022a）は教材の持つこの力を借りることにより、道徳科授業初学者がスムースに、子どもたちが「考え、議論する」ことのできる道徳科授業を実施し始められると考えています。なお、必ずしもＭＤＤを習得する必要はなく、「考え、議論する」ことのできる教授法をひとつ習得できれば、ふたつ目以降の教授法の習得へのハードルが下がり、誰もが自発的に現在習得している教授法を洗練させたり、ほかの教授法を習得したりすることを目指しやすくなると考えています[2]。しかし、COVID–19の影響により、教員養成課程および学級のいずれにおいても、活発な対面討論は困難になり、道徳科授業初学者にとって導入しやすいと判断されるＭＤＤも対面実施やその習得が難しくなっています。けれども、道徳科授業を念頭に置いた場合、価値観の異なる者が互いの意見を述べたり、議論をしたりすることのできる機会は可能な限り増やせることが望ましいと思われます。それでは、どうすれば「考え、議論する」道徳科授業を継続できるでしょうか。

現在の社会的状況では対面討論は困難ですが、授業にＩＣＴを組み込むことは可能です。そのため、現在、児童・生徒が所持しているタブレットを活用してオンライン上で「考え、議論する」道徳科授業を実施することは、魅力的な選択肢のひとつになります。そして、それをスムースに実現するには、教職課程に在籍している段階から、ＩＣＴを併用した道徳討論や道徳科授業の体験を日常的に積んだり、学習指導案について考えたりしておくことには意味があります（Fujisawa, 2022b）。

3　ＩＣＴの併用は教職科目「道徳の指導法」[3]を変えるか

これまで日本では、異なる学校の教室同士をオンラインでつなぎ、一緒に道徳授業を行うという研究は存在しますが、個別の児童・生徒がＩＣＴを併用する道徳討論研究はあまりありません。一方、大学生対象の研究ではオンライン討論は肯定的に受け止められているが、対面討論の方を好み、対面で行うことを補足するものとして捉えられていることが明らかにされます（Tiene, 2000）。また、Hedayati-Mehdiabadi et al.（2020）はオンライン討論のみを取り上げてはいるものの、大学生がオンライン討論を用いた倫理教育の受講により新しい気付きを得たことを明らかにしています。Cain and Smith（2009）は薬学部の学生を対象とし、オンラインモラルジレンマ（ＯＭＤ）討論と対面モラルジレンマ（ＦＭＤ）討論を比較しました。その結果、参加者はＯＭＤでは熟考できる一方で、匿名性があることから批判的になり、建設的な討論を妨げる傾向があること、一般的にはオンライン討論はほかの討論と同じように道徳性を高めることが明らかにされました。これらの結果より、オンライン討論は大学生に受け入れられる可能性があること、討論参加者が知人同士であれば建設的な討論を行う討論場面が作れる可能性があることが示唆されました。さらに、以上の問題点を踏まえて、Fujisawa（2022b）は面識のある大学生を対象としてＭＤＤを用いたオンライン討論（ＯＭＤＤ）と対面討論（ＦＭＤＤ）の比較をしました。その結果、ＯＭＤＤはＦＭＤＤよりもより広い社会的視点について考えることができることが明らかにされました。これらより、オンライン討論にはいくつか注意すべき点はあるものの、**対面討論と同じような教育的効果があること、むしろ道徳科授業のように討論参加者の多様性を前提とした討論場面を設定したい場合には、オンライン上であればコストなく多様性を担保した討論状況を作ることが可能になること**がいえそうです。もちろん対面討論の経験は重要であり、その実施の意義にも同意します。しかし、コストなく多様性が担保され、学校や国を超えて実施可能なオンライン討論は、COVID-19が終わった後にも残されることが期待される道徳科授業の教授法のひとつになると考えられます。しかし、Zoom や Webex などのオンライン会議システムツールを使用したオンライン討論は COVID-19下でたいへん有益で多大な役割を果たしてくれましたが、対面討論と比較すると、どうしても臨場感がやや乏しく、協同作業をしているという感覚が減少することは否めません。

4 多様性を担保するオンライン道徳討論を超えるものはあるのか？

学校のＩＣＴ環境が整備された現在、先述のようなオンライン会議システムツールを用いたパソコンやタブレットを経由した道徳科授業だけを想定する必要もなくなりました。そこで、筆者は**道徳科授業**（**特に内容項目**）**と親和性が高く教育的効果**（**詳細は後述**）**が期待されるＩＣＴとしてＶＲ技術の併用**を提案します。ＶＲとは「デジタル的に作り出した環境、すなわち現実を模した世界や想像上の世界を、人間に体験させることができるもの」と定義されます。そして、感覚（視覚、聴覚、触覚…）を人工的に生み出すことによって、**そこに没入したような強い感覚を与えるとともに、インタラクションを可能にする**ものとされます（Thouvein & Lelong, 2020)。ＶＲの歴史は古く、その始まりをいつとは正確に位置付けることが難しいとされますが、プラトンまでさかのぼると考える立場もあります（Thouvein & Lelong, 2020)。なお、厳密には、ＶＲを体験するにはＣＡＶＥ、ＨＭＤ（ヘッドセット）、デスクトップなどがあり、その種類により教育的効果が異なることも示されます（Hsu and Wang, 2022)が、本稿ではまとめてＶＲとして取り扱います。ＶＲ技術を使用した教育研究に関して、

1995年から2016年までの間に総計975本の論文が刊行されており、その3トップは米国、中国、台湾です（Liu et al., 2017）。VR技術が使用される教科に関して、その多くが理科、技術および数学であり、それ以外にドラマの授業などが報告されています（Southgate, 2020）。また、非定型発達児を対象とし、ソーシャルスキルやアカデミックスキルの改善を目的としてもVR技術は活用され、成果を上げています（Kellems et al., 2021）。現在では、学級単位でVR技術を使って学ぶことができる施設も誕生しています（例：吹田市のREDEE）。

道徳性あるいは道徳教育に関して、VR使用が共感性や視点取得能力、非功利主義的判断を高めることを示す研究は存在します（Herrera et al., 2018; van Loon et al., 2018; Terbeck et al., 2021）が、日本の道徳教育に対応した道徳性（例：内容項目）を育むものとしてVR使用を検討した研究はほとんどありません。しかし、VRはシミュレーションを要する学び、現実的に体験できなくても疑似的に体験できる学び、ロールプレイを用いた学びなどにおいて従来の道徳科授業における学び方（例：テキスト読解、討論）とは異なる角度からの教育的効果が見込まれます。たとえば、筆者はvirtual classroom（Figure2）を運用しており、教職学生はあらかじめバーチャル教室においてあたかもリアルな教師であるかのように道徳科の模擬授業などのシミュレーションを行い、教育実習に備えることができます。さらに、VR技術を活用した学びは学習者の学びへの内発的動機づけを高めることも報告されます（Dede et al.,

Figure2：virtual classroom

注：教師アバター（中身は教職学生）は生徒アバター（中身は教職学生）を相手にして、模擬授業（道徳授業）の練習ができます。アバターには身体移転の効果（仮想の身体を容易に自身の身体として感じる）があり、それを活用しています。

2017)。よって、VRを授業の中で部分的に併用することにより、道徳科授業の展開に変化を付けたり[4]、内容項目の理解を深め（副次的に議論も深め）たりすることができるだけではなく、学習意欲までも高めることができる可能性があるといえます。

5　バーチャル・リアリティ技術の道徳科授業への投入に伴う課題

VR技術の教育場面での応用可能性が期待されますが、学校場面に投入するにはいくつかの課題も残されます。第一に、VR使用の推奨年齢が挙げられます。VRを使用する際には輻輳《ふくそう》と調節を操作することによる強い目の疲れが生じるため、視力低下への影響が懸念されます（Thouvein & Lelong, 2020）。また、ＶＲは従来のテクノロジーやメディアと比較して必要以上にリアリティをもって体験することが可能になります（Southgate, 2020）。このことは倫理的側面、法的側面、心理的側面から、発達途上にある年少の子どもには適さないと判断されます。現に、ＶＲヘッドセット（Samsung Gear VR、Google Day-dream、Sony VR、HTC Vine、Oculus Rift、Go および Quest）はその推奨使用年齢を13歳あるいはそれ以上としています（Southgate, 2020）。第二に、ある種のＶＲ体験は私たちの社会や文化に有害な影響を与えることがあり（Bailenson, 2017）、それを克服するためには社会的コストが発生します。

第一の問題に関して、当面は中学生以上の道徳科授業を想定することで問題は回避されます[5]。加えて、中学生は発達により道徳性や社会性の一部が低下すること（発達による一時的低下）やジグザグの発達をすることが知られています（Nucci and Powers, 2014; Fujisawa, 2019; 山岸，２００２）。そして、その発達段階において教師や親の述べることをそのまま聞くのではなく、個人の判断を発達させていることも明らかにされています（Yamada, 2008; Nucci et al., 2013）。よって、このような発達年齢の子どもに、ＶＲを用いて自発的に道徳的価値について体感してもらうことには、言葉のやり取りから得られるものとは異なる学びが得られる可能性があります。第二の問題に関して、これまでの私たちの経験により、世の中の価値観を一変させるような技術投入にはよい面と課題となる面の双方があることは明らかといえます。今回、仮にＶＲ技術の教育場面への投入を止めたとしても、それはある程度の時間稼ぎにしかならないと思われます。現に、文部科学省はＶＲやＡＲなどの最先端技術の教育場面への導入を促しています（瀬戸崎、２０２１）。むしろ、教職課程の在籍時から双方について知り、自ら考え、経験を積んでいくことにこそ意味があると考えられます。

6　バーチャル・リアリティ技術を道徳科授業へ投入する前に

ＶＲ技術を道徳科授業に投入するのであるならば、Figure1を用いて説明したように、まずは教職課程あるいは教員研修へ投入する可能性について検討する必要があります。それでは、どのような道徳科授業においてＶＲ教材はその持てる力を発揮できるでしょうか。

中学生の内容項目には、「A　主として自分自身に関すること」5項目、「B　主として人との関わりに関すること」4項目、「C　主として集団や社会との関わりに関すること」9項目、「D　主として生命や自然、崇高なものとの関わりに関すること」4項目の総計22項目があります。

このうち、相手の気持ちや立場を考えることが求められる内容項目（B-6、B-8、B-9、C-13、C-14、C-15）の道徳科授業に対し、ＶＲを用いたロールプレイの機能の活用について

Figure3：VR の中での MDD（VRMDD ペア条件）の様子

注：アバターの動きはアバターを着用している人のリアルな身体の動きとシンクロしています。アバターを着用すると、人前で意見を述べるのが苦手な人もリアルな自分よりも意見が出しやすくなります。実験中は正面の黒板にホワイトボードが提示され、MDD のストーリー（刺激）が示されます。

提案できます。もちろん、授業中の教師による「相手の気持ちを考えてみよう」という教示はとても大事です。しかし、たとえば、VRを併用すれば相手の気持ち（例：乳児、妊婦、お年寄り、けがをした人の立場）を体感することになります。

また、誰もが生命の尊さや畏敬の念が大切な概念であると考えていますが、実際にそれらについて授業を行うとなると簡単ではありません。そこで、このような内容項目（D-19、D-20、D-21）を取り扱う道徳科授業において、リアルタイムで雄大な自然をVRで体感することは魂を揺さぶられるような感情を瞬時に経験し、その後の議論を建設的に進めていくことにつながりはしないでしょうか。たとえば、360度VRを使用すれば、モンブランの山頂付近を体験したり、あるいは海底の生命体を海底にいるかのように360度（前後上下左右）から観察したりすることが瞬時にできます。

さらに、バーチャル教室であたかも一緒にいるかのようにほかの地域や国の生徒と定期的に議論することは、自らの郷土について考えたり、自国や他国の理解を深めたりすることにつながると考えられます（C–16、C–17、C–18）。また、子どもたちが楽しんで参加をするFMDDも、VRを併用すれば、今まで以上にロールプレイの機能を活用でき、場合によってはアバターを着用していることから、FMDDよりも意見が述べやすくなります（Figure3）。

現在、道徳科授業ではありませんが、すでにバーチャル教室での学びが中学生の学習意欲を向上させることが報告されています（Bailenson, 2017）。VR活用が副次的に学習への探求心をもたせることから、VRは内容項目の理解だけではなく、深く学ぶことへの導入、探求への入り口としての役割も果たすと考えられています。確かに、VRにはいくつかの欠点（例：共感の過剰喚起）も指摘されており、使用に際し注意すべき点もあります（藤澤、2019）。しかし、教育現場において活用可能なアプリもすでに紹介され始めています（Donally, 2021）。今こそVR道徳科授業に挑戦するときではないでしょうか。そのために、まずは、教職科目「道徳の指導法」の一部を変えませんか。

謝辞：本稿執筆時には日本学術振興会科学研究費（課題番号：21K02532）および公益財団法人上廣倫理財団（課題番号：2021-B-17）の支援を受けた。ＶＲ道徳教材の開発研究にあたり、東京工業大学室田真男教授より貴重なご助言をいただいている。

注

1　藤澤（２０２２）による調査会社を利用した東京都・神奈川県在住の教師、非教師（保護者を含む地域住民）を対象としたオンライン調査では、前任校では全学で取り組まれていた道徳科授業が現任校では行われていないため心配だという意見も報告されています。

2　Willingham（2009）は練習には「最低限の能力を身につけること」と「熟達すること」のふたつがあると述べており、本稿の段階１、段階２に相当すると考えます。Willingham（2009）は練習を積み重ねることで学びの方向性を考えることが無意識にできるようになると考えており、それはさらに進んだ学習のための前提となると述べています。

3　筆者は本科目構成内容には道徳教育の思想、歴史、道徳性発達、外国の道徳教育、学習指導要領、道徳科授業の指導法、指導案作成、評価等が網羅的に含まれる必要があると考える立場をとります（例：東京学芸大学、「総合的道徳教育プログラム」推進プロジェクト編、２０１１）。本節で触れる内容は本科目の中の「道徳科授業の指導法」の内容を指します。また、本科目の道徳教育における役割の重要性は田沼（２０２１）にわかりやすく説明されています。

4　道徳授業のマンネリ化（に伴う退屈さ）について、これまでに数多くの調査で報告されていますが、適切なＩＣＴの併用（部分的活用）ができれば、その問題も部分的に解決されると考えられます。

5　現在、コンタクトレンズ型ＶＲが開発されており、技術が進化し続けていますが、本稿では触れません。

引用文献

Araki, N. (2014) An application of Kohlberg's theory of moral dilemma discussion to the Japanese classroom and its effect on moral development of Japanese students In L. Nucci., D. Narvaez., & T. Kretenauer, (Eds). *Handbook of moral and character education* 2nd edition New York and London: Routledge, (pp.308-325.)

Bailenson, J. (2017) Experience on demand: what virtual reality is, how it works, and what it can do. NY: Norton & Company.

Cain, J., and Smith, D. (2009) Increasing moral reasoning skills through online discussions. *Quarterly Review of Distance Education, 10,* 149-252.

Dede, C. j., Jakobson, J. and Richards, J. (2017) Introduction: virtual, augmented, and mixed realities in education. In Liu, D, Dede, C. Huang, R. and Richards, J. eds Virtual, augmented, and mixed realities in education. Singapore: Springer. (pp.1-16.)

Donally, J. (2021) The immersive classroom: create customized learning experiences with AR/VR. VA: ISTE.

Fujisawa, A. (2019) Developmental change of social capacity related to morality: behavioral standards and multidimensional empathy of junior high school, high school and university students. The Japanese

journal of educational practices on moral development, 13, 22-27.
藤澤文（２０１９）「反社会的行動：バーチャル・リアリティの教育場面への応用可能性」荒木寿友・藤澤文編『道徳教育はこうすればもっとおもしろい：未来を拓く教育学と心理学のコラボレーション』北大路書房（pp.124-131.）
藤澤文（２０２０）「「考え議論する」道徳授業モデルの提案―学校（道徳授業）・大学（教員養成）・教育委員会（教員研修）を対象として―」博報堂教育財団研究成果報告書（未公刊）
Fujisawa, A.（2022a）How can teachers learn methods of moral lessons that encourage students to think and deliberate? The Japanese journal of educational practices on moral development, 15, 1-8.
藤澤文（２０２２）「「考え、議論する」道徳授業に向けた教育実践・教員研修・教員養成の協同モデルの検討」博報堂教育財団研究成果報告書（未公刊）
Fujisawa, A.（2022b）The contribution of online tools in thinking and deliberating morality in Japanese schools: A preliminary experiment with student-teachers. In M. Wu（Ed.）Moral education during global pandemic. Asia-Pacific Network of Moral Education. https://doi.org/10.978.98876579103.ch_009
Hedayati-Mehdiabadi, A., Huang, W. D., & Oh, E. G.（2020）Understanding student's ethical reasoning and fallacies through asynchronous online discussion: Lessons for teaching evaluation ethics. *Journal of Moral Education, 49*(4), 454–475.
Herrera, F., Bailenson, J., Weisz, E., Ogle, E., & Zaki, J.（2018）Building long-term empathy: A large-scale comparison of traditional and virtual reality perspective-taking. In *PLoS ONE*（Vol. 13, Issue 10）. https://doi.org/10.1371/journal.pone.0204494
Hsu, H. K. and Wang, C.（2022）Assesing the impact if immersive virtual reality on objective learning

outcomes based on presence, immersion, and interactivity. Seo, K. K. and Gibbsons, S.（Eds.）Learning technologies and user interaction: diversifying implementation in curriculum, interaction, and professional development. NY: Routledge,（pp.38-73.）

Kellems, R. O., Yakubova, G., Morris, J. R., Wheatley, Q. and Chen, B. B.（2021）Using augmented and virtual reality to improve social, vocational, and academic outcomes of students with autism and other developmental disabilities. In Gokce, A. and Carrie, D. E. eds. Designing, developing and evaluating virtual and augmented reality in education. PA: IBI Global.（pp.164-182.）

Liu, D., Bhagat, K. K., Gao, Y., Chang, T., and Huang, R.（2017）The potentials and trends of virtual reality in education: a bibliometric analysis on top research studies in the last two decades. In Liu, D., Dede, C. Huang, R. and Richards, J.（Eds）Virtual, augmented, and mixed realities in education. Singapore: Springer.（pp.105-130.）

永田繁雄・藤澤文（２０１２）「道徳教育に関する小・中学校の教員を対象とした調査―道徳の時間への取組を中心として―〈結果報告書〉」東京学芸大学「総合的道徳教育プログラム」推進本部

Nucci, L. & Powers, D.（2014）Social cognitive domain theory and moral education. In L. Nucci., D. Narvaez., & T. Krettenauer,（Eds）Handbook of moral and character education 2nd edition New York and London: Routledge.（pp.121-139.）

Nucci, L., Smetana, J., Araki, N., Nakaue, M., & Comer, J. 2013 Japanese adolescents' disclosure and information management with parents *Child development*, 85, 901-907.

Senge, P. M.（1990）The fifth discipline: the art & practice of the learning organization. Random House Business.

瀬戸崎典夫（２０２１）「教育における先端技術の活用・ＳＴＥＡＭ」稲垣忠・佐藤和紀編『ＩＣＴ活用の理論と実践：ＤＸ時代の教師をめざして』北大路書房（pp.26-41）

Southgate, E.（2020）Virtual reality in curriculum and pedagogy: evidence from secondary classrooms. New York and London: Routledge.

Stoh, D. P.（2015）System thinking for social change. USA: Chelsea Green Publishing Co.

田沼茂紀編（２０２１）『問いで紡ぐ中学校道徳科授業づくり』東洋館出版社

田沼茂紀（２０２１）「道徳教育を巡る教員養成の歴史と課題」日本道徳教育学会全集編集委員会・田沼茂紀・島恒生・竹内善一・廣川正昭編『道徳教育を充実させる多様な支援：大学、教育委員会、家庭、社会における取組』学文社（pp.5-12）

Terbeck, S., Charlesford, J., Clemans, H., Pope, E., Lee, A., Turner, J., Gummerum, M., & Bussmann, B.（2021）Physical presence during moral action in immersive virtual reality. *International Journal of Environmental Research and Public Health, 18*(15). https://doi.org/10.3390/ijerph18158039

Tiene, D.（2000）Online discussion: A survey of advantages and disadvantages compared to faceto-face discussions. *Journal of Educational Multimedia and Hypermedia, 9*(4), 371–384.

Thouvein, I. & Lelong, R.（2020）La realite virtuelle demystifiee. Paris: Eyrolles.

東京学芸大学「総合的道徳教育プログラム」推進プロジェクト編（２０１１）『新しい道徳教育』東洋館出版社

van Loon, A., Bailenson, J., Zaki, J., Bostick, J., & Willer, R.（2018）Virtual reality perspective-taking increases cognitive empathy for specific others. *PLoS ONE, 13*(8), 1–19. https://doi.org/10.1371/journal.pone.0202442

Yamada, H. (2008) Japanese children's reasoning about conflicts with parents. *Social development*, 18, 962-977.
山岸明子（２００２）「現代青年の規範意識の稀薄性の発達的意味」順天堂大学医療短期大学紀要、13, 49-58.
Willingham,D. T. (2009) Why don't students like school?: a cognitive scientist answers questions about how the mind works and what it means for the classroom. NJ : John Wiley & Sons.

道徳をいかに教えるか
―問題解決志向への質的転換を目指して―

柳沼良太

20年後の未来から考える

今から10年後、20年後に社会はどのように変わっているでしょうか。それに対応して、人の生き方はどのように変わっているでしょうか。そう長い年月を待つまでもなく、高度なグローバル化や情報化によって社会は、我々の想像をはるかに超えて大きく変容し、ＡＩ（人工知能）やＩｏＴ（モノのインターネット）等が先導する超スマート社会（Society5.0）を実現し、バーチャル化したサイバー空間と物理的なフィジカル空間を行き来するような生活が拡張していることでしょう[1]。近い将来、シンギュラリティ（技術的特異点）に到達すると、ＡＩが人間の知能を凌《りょう》駕《が》するという予想もあり、人間の行動指針や生き方にも大きな影響を与えてくるかもしれません。そこではＶＵＣＡ時代となり、社会の変動性に伴って不確実、複雑さ、曖昧さを増す中で、人間の価値観や考え方も大幅に変容していくことでしょう。現在の子どもたちは、そうした複雑で予測が困難な時代に、仮想的・物理的に多重化する現実の中で生きることになります。新奇の多様な問題に次々と向き合いながら、それでも人間らしく心豊かに受けとめ、主体的に考え判断し、適切に行動していくことが求められます。

そうした10年後、20年後に大人になった現在の子どもたちは、小・中学校時代に受けた道徳教育を振り返って、どう評価するでしょうか。例年、大学生に「小・中学校の道徳授業をどう思うか」についてアンケートしますと、「道徳の話を読んで感想を述べ合う国語みたいな授業だった」「何の意味があるのか分からない」などの意見を目にします。小・中学生に道徳授業について「楽しいか」「役に立つか」のアンケートをしてみても、学年が上がるにつれて受け止めがよくなくなり、小学校高学年から中学生になると各教科・領域の中で最も低くなります。その理由としては、「価値観を押し付けてくるから」「自分の生活に役立たないから」などの意見があります。

我が国の道徳授業は、昔から教材に登場する人物の心情を理解させ道徳的価値を教え込もうとする指導法が主流になっています。そのため、道徳授業は実際の子どもたちの経験や考え方と乖離《かいり》し、日常生活の改善や成長にも反映されない傾向にあります。一方で、モラル・ジレンマやディベート形式の道徳授業のように、子どもたちが自由闊達《かったつ》に意見を述べ合い、延々と議論してオープンエンドで終わるような展開もあります。しかし、それでは道徳的諸価値の理解どころか道徳的混乱をもたらしたり、場当たり的で無責任な言動が広まったりする傾向さえあります。

今後、子どもたちはますます複雑で予測困難な時代に入る中では、既存の知識や価値をただ習い覚えるだけでなく、新しい知識や価値を自ら創出して、個人と社会の持続可能な成長をもたらすことが期待されます。ＩｏＴを活用して既存の知識や価値をビッグデータとして蓄積し、そこから諸問題を論理的に分析して模範解答を出すだけなら、ＡＩの方がはるかに優れているわけで、人間はそれらをいかに活用・応用・汎用して新たな価値を創出していけるかが大事になります。

そのために今後、求められる資質・能力（コンピテンシー）としては、①答えが一つではない諸問題を主体的に考え判断する力、②異質の他者と協働して問題解決する力、③生きて働く知識や人間性などが必要となってきます。さらに、それらを個別具体的に支える資質・能力として、①互いに納得し合える最善解を導く力、②分野横断的な幅広い知識と全体を俯瞰する力、③別の問題場面にも適用できる汎用力なども重視されています。

こうした新たな時代が到来することを想定して、これからの道徳教育も、従来のように既存の道徳的諸価値の内容を系統的に理解させるスタイルから、**道徳的問題を多面的・多角的な視野から俯瞰して主体的に価値判断し、協働して他者と問題解決し、それを日常生活に汎**

用できるような資質・能力を育成するスタイルへと質的転換を図ることが大事になります。

それでは、こうした「資質・能力としての道徳性」、言い換えれば「生きて働く道徳性」を育成するために、どのような指導をすればよいのでしょうか。すでに現行の学習指導要領では、教科・領域共通で上述した資質・能力を育成するために、「主体的・対話的で深い学び」に対応した「問題解決的な学習」や「体験的な学習」を指導法に取り入れ、それに関連した評価基準も具体的に示しています。『令和の日本型学校教育』の構築を目指して」(中央審議会、2021年1月)でも、こうした資質・能力を育成すべく、GIGAスクール構想において「個別最適な学び」や「協働的な学び」を取り入れることが提唱されています。道徳授業もようやく「特別の教科」として認められましたので、こうした効果的で有意義な指導法や評価を着実に取り入れ、道徳性に関わる資質・能力を育成することが求められます。

そうした道徳性をどうしたら小・中学校段階で計画的・系統的に指導することができるでしょうか。本稿では、第1節で、道徳科の問題解決的な学習の根幹となる思考過程を5段階に分け、それぞれの段階でどう指導すべきかを検討していきます。第2節では、この思考過程に対応させて具体的な道徳授業の事例を取り上げ、その学習指導過程を吟味していきます。

1　道徳教育で問題解決学習をする5段階

子どもたちはどのように道徳性を高めていくのでしょうか。発達心理学の見地から言えば、子どもたちはそれぞれの発達段階に応じて、人生の諸課題を自ら考え判断し解決する経験を通して、道徳的な成長を遂げていくことになります。それゆえ、道徳教育では、**子どもたちが人生において出会うであろう道徳的問題を発見し、分析し、解決していく思考プロセスを重視**します。それに対応させた指導方法が、道徳科における「問題解決的な学習」であり、「道徳的行為に関わる体験的な学習」ということになります。こうした学習スタイルは、今後、実際のフィジカル空間でも仮想的なサイバー空間でも活用・応用できます。

ただし、先述の通り教材に示された物語文から問題点を発見し分析して、過去の膨大なデータから最適解を迅速に導き出すだけなら、AIの方が得意です。また、物語に登場する人物の心情や行動の理由を読み取って、人物の特徴を判別した上で、最適な行動方針を柔軟に判断し直すディープラーニング（深い学び）も、昨今のAIが得意とするところです。それゆえ、これからの道徳授業は、単に過去の問題を取り上げて心理分析をしたり価値理解したりする授業ではなく、「人間ならではの強み」を生かして多様な価値観を理解し、未来のあるべき姿やビジョンを思い抱きながら、他者と協働して問題解決する授業にすることが大事になります。

以上をふまえて本節では、子どもたちが道徳的諸問題を解決する思考過程を道徳授業と関連づけながら段階的に見ていきます。第1に、道徳的問題を発見する段階、第2に、道徳的問題の原因を追求する段階、第3に、さまざまな解決策を創出する段階、第4に、道徳的に最善な解を絞り込む段階、第5に解決策を実行しその効果を省察する段階となります。

(1) 道徳的問題を発見する

まず、子どもが道徳的問題を把握し、課題を見出す段階です。子どもは教材に示された問題状況において、道徳的な葛藤や対立が生じていることを理解します。ここで子どもは、道徳的問題を他人事として傍観するのではなく、登場人物（主人公）の立場になって自分事として切実に捉えて考えるようにすることが大事になります。

道徳的問題にもいろいろありますが、①道徳的価値が実現されていない問題（例えば、正直になれない問題）、および②道徳的価値の理解不足や誤解による問題（例えば、本当の自由とは何か）は、わりと単純明快な問題設定になります。ねらいとする道徳的価値も明確なので、それに対応した問題解決的な学習も指導しやすくなります[2]。それに対して、③道徳的諸価値を実現しようとする自分とそれに抵抗する自分とで葛藤する問題（例えば、誠実になりたいが、なれない苦悩）や、④道徳的諸価値の対立によって生じる問題（思いやりと正義のどちらを優先するかの葛藤）は、より複雑な内部構造になってきます。その場合、子どもたちが問題状況を冷静に俯瞰して、より多面的・多角的に把握できるように指導します。

また、①や②のような問題設定でも、意外に複雑な心理状況を反映している問題もあります。例えば、子どもが友達に嘘をついた場合、①では「正直」という道徳的価値が実現されていない問題と設定されます。しかし、実は「本当のことを言いたいという正直さ」がある一方で、「本当のことを言って相手を傷つけたくないという思いやり」もあって、④の道徳的諸価値の葛藤（正直か思いやりか）を起こしていることがあります。こうした問題状況を冷静に読み解き、道徳的諸価値の関係や対立を分析して把握することが大事になります。

(2) 道徳的問題の原因を追求する

次に、道徳的問題について「なぜこのような問題が生じたのか」を考える段階です。ここでは教材に提示された道徳的問題の原因を探し、それを分析していきます。

一般的に問題の原因は、主人公（自分）の外部から探してしまう傾向があります。例えば、「仲違いしたのは、相手が不誠実だから」「ルール違反をしたのは、皆もやっているから」などと、主人公（自分）は問題の原因から除外され、他者や外的要因を責めることになりがちです。確かに間接的原因として、周囲の人々や環境状況も関係していますが、直接的原因は、あくまで主人公（自分）にあることを重く受けとめる必要があります。

問題の原因を追求する場合、子どもたちは多かれ少なかれ自らの人生経験に根ざして考え判断しています。過去の類似した自分の経験をもとに、教材に示された諸問題について理解し、その原因を探ろうとします。過去の自分の経験の中には、親や周囲の大人たち、友達などから受けた影響もありますし、国や地域から受けた影響もありますし、テレビ・ラジオやインターネットなどから受ける影響もあります。そこで、**自分がどのような経験を積み重ねた結果として、こうした考えが現れてきたかに気づいておくことも大事**になります。そうした自己の考えには独特の偏り（バイアス）があることも確かです。

こうした過去の自分の経験と繋がった問題には独特の感情も湧いてきます。例えば、その経験が「楽しい」「悲しい」「嬉しい」「辛い」「気持ちよい」「誇らしい」などの感情と繋がっています。さらに、その考えを支えている価値観もあります。「これは善くない」「こうすることが正しい」という価値観が、問題の把握や原因の追求に影響してきます。

このように子どもたちが自己の経験や価値観をふまえて、問題をどのように捉え、何に原因があると考えているかについては、ノートやワークシートに書き込んでおくよう子どもたちに伝えます。そうすると、道徳授業の後に子どもたちの思考の軌跡や変容を見ることができます。

(3) さまざまな解決策を創出する

第3に、道徳的問題について自分なりにさまざまな解決策を創り出す段階です。この段階では問題の原因分析をふまえて、問題の解決策を自由な発想で考えることが中心となります。ここでは、解決策の良し悪しやその効果にあまりこだわらずに、ブレイン・ストーミング法を用いて、できるだけたくさんの解決策を出し合うようにします。すぐに互いの意見を吟味して批判したり否定したりせず、できるだけ多くの多様な意見を出し合うことに努めます。

初め、子どもたちは過去の自分の類似した経験から成功例を思い出して、それに関連した解決策を提案することが多く見られます。ただ、そうした過去の事例だけで考えると、「ありきたりのやり方」や「いつものやり方」しか出てきませんので、できるだけ多面的・多角的な視点でいろいろな解決策を出し合うことが大事になります。

有効な解決策を考えるためには、その因果関係を押さえることがポイントになります。つまり、**自分の考えた意見（解決策）を実行に移した場合、どのような結果になるかをシミュ**

レーションして考えるのです。解決策を実行して効果があれば（葛藤や苦悩がなくなれば）、それは有意義ですが、解決策を実行してもまだ葛藤や苦悩を感じる場合は、有意義ではないことになります。人間が心理的な葛藤や苦悩を感じる理由としては、我欲（エゴ）に起因するものから、偏見や誤解や曲解など認知の歪みに起因するものまでいろいろありますので、できるだけ広い視野で多面的・多角的に考え、多様な解決策を出せるようにします。

(4)　道徳的に最善な解を絞り込む

第4段階では、さまざまな解決策を吟味し、人間としての生き方をふまえ、道徳的に最善な解を一つに絞り込みます。ここで大事なのはいつもの自分と同じ心理状態では、その問題に対する偏見や曲解や我欲を取り除けないため、それをなかなか解決することができないということです。そこで、こうした自己中心的で偏った心理状態から一旦脱却して、できるだけ純粋で誠実な心理状態へと切り換えてから、改めて問題を捉え直し、適正な道徳的判断ができるようにすることがポイントになります[3]。こうした道徳的な意識状態は、一般に「**真心**」や「**良心**」と呼ばれます。

この純粋で誠実な心理状態（真心）に切り換えるためには、上述したように自分の心が抱えている苦悩や葛藤が、自己中心的な考え方や偏った見方などに起因していないか省察して、過去の経験に基づく後悔や将来に向けた不安から一旦離れて、現在のこの場所（今、ここ）に意識を集中して、誠意をもって問題を捉え直すようにすることです。

複数の道徳的諸価値が対立している複雑な問題状況の場合は、それに応じた解決策を考える必要があります。基本的には、自分の我欲や欲望への執着を脱却することに配慮します。そこから、さらに自分の解決策が問題に関係する人々にどのような影響を与えるかを考えます。こうして、自分の解決策は、私心のない公正で善良な考えであろうか、誰もが心から腑に落ちる考えであろうかと考え、皆が納得できるかどうか議論してみることが大切になります。

自分の我執から脱却して、純粋で誠実な心理状態へと意識を切り替えるためには、偉人・先人の生き方に意識を合わせるという方法もあります。子ども一人一人は、本来の自分が目指したい自己像や理想像があり、将来実現したい夢やビジョンをもっています。それを具体化した偉人・先人の道徳的な生き方に学んで、理想像を設定することもできます[4]。

さらに、自分の考えた解決策が、本来の自分が目指す理想像やビジョンに沿ったものかを考え合わせて、最終的な判断を出すようにします。「何をどのようにすれば、理想とする自分（または社会）に近づけるのか」を問うことが深い納得解にも繋がっていきます。

(5) 解決策を実行し、その効果を省察する

第5段階では、解決策を実際に行ってみて、その効果を検証・省察します。ただし、道徳授業の中では、実際の解決策を実行するまではできませんので、その授業を終えた後、1週間くらい日常生活の中で自分の道徳的な考え（解決策）を実践してみて、その効果を振り返る方法もあります。

例えば、公徳心をもって道端にゴミを捨てないと考えるだけでなく、ゴミが落ちていたら積極的に拾ってゴミ箱に捨てることを実践してみます。また、思いやりの心を学んだ後、身近に困っている人がいたら、見て見ぬふりをするのではなく、声をかけてみて自分のできる精一杯の親切をする実践をしてみます。他にも、何かボランティア活動を企画したならば、ただ参加するのではなく、積極的に自分の役割を遂行し、仲間と共に協働してやり遂げてみることです。

ここでは、道徳授業で大事だと思った考え（解決策）を実際の日常生活で実行してみて、その効果から道徳的な考えの有効性を検討し、その実践を通して自己の成長を実感します。

こうした実践とその省察がないと、道徳授業の実効性や汎用性はなかなか高まりません。**道徳授業の考えを机上の空論**（絵に描いた餅）**にしないためにも、こうした解決策の実行とその**

効果の振り返りは不可欠です。

2　道徳授業の実践例

ここからは実際に問題解決志向の道徳授業を実践してみた事例を一つ検討してみます。こうした指導方法は、基本的に学年や教材の新旧、指導内容を問わず広く活用・応用できます。

中学1年生での授業実践：教材「裏庭での出来事」

教材「裏庭での出来事」[5]は、学校の昼休みに裏庭で健二、大輔、雄一の三人がサッカーをして窓ガラスを割ってしまう話です。裏庭の倉庫の近くにある木に鳥の巣があって、雛が猫に狙われていたので、雄一がボールを投げて追い払おうとしたら、建物の窓ガラスを割ってしまいます。雄一が先生に報告に行っている間、大輔が「待っている間、サッカーをしていよう」と健二を誘います。二人がサッカーに熱中していると、今度は健二の強く蹴ったボールが隣のガラスを割ってしまいます。その後やってきた教師に、大輔は隣り合ったガラス2枚とも雄一が割ったことにします。教師が帰った後、雄一が健二と大輔を怒ったため、健二が先生に真相を語ろうとしますが、大輔からは止められます。

こうした教材だと、一般的に授業のねらいとする道徳的価値としては、単純に「自主、自律」あるいは「自由と責任」が設定されます。そして自分から正直に謝罪することの大切さを教えられます。ただ、自分の非を認めて正直に謝罪することくらいは、小学校の低学年でも指導されていますので、中学生にとっては凡庸で退屈に感じます。それでは、この教材を前述した問題解決的な学習の展開で取り組む場合、どのような学習指導過程が考えられるでしょうか。

第1段階では、主人公の健二の立場になって問題状況を理解します。教師から「ここで何が問題になっていますか」を尋ねますと、生徒からは以下のような意見が出てきます。「裏庭でこっそりサッカーをしていてガラスを割ったこと」、「2枚目の窓ガラスを割ったのは健二なのに、それを先生に報告せず、一枚目のガラスを割った雄一のせいにしたこと」、「先生に嘘をついたのは大輔だから、健二は悪くない」「できれば全責任を雄一に押し付けて、自分は謝らずに逃げようとしているので、健二も悪い」などの意見が出ます。

第2段階では、道徳的問題を分析します。ここでは健二の心に注目して、問題を分析するために、「健二はどんなことに悩んでいるのでしょう」と問いかけます。生徒からの意見としては、「謝る気はあったけれど、大輔がかばってくれたので言い出しにくい」、「雄一に悪いことをしたと思うけど、面倒だからそれでもよいかと考えている」、「先生が勝手に二枚とも雄一のせいだと思い込んだので、そのままでいいと思っている」「今さら自分が割ったと名乗り出ると、かばってくれた大輔に悪い」などの意見が出ます。

ここでは、健二の立場にたって俯瞰しながら価値分析を考えると、「自分の非を認めず、責任を取らないこと」、「先生に報告せず、すべて雄一のせいにしたこと」、「大輔への配慮もあって正直に言い出しにくいこと」「雄一に責任を押し付けたことで心苦しいこと」などが見えてきます。ここでは意外に複数の価値葛藤が複雑に絡んでいることを押さえる必要があります。

第3段階では、多様な解決策を提案していきます。教師が「こうした時、どうしたらいいだろうか」と尋ねますと、生徒からは上述の問題分析をふまえていろいろな意見が出てきます。例えば、①「何もしない方がいい。大輔に悪いから、雄一のせいにしておく」、②「雄一には謝るが、先生のところには行かない」、③「雄一に謝り、先生に本当のことを報告に行く」、④「大輔を説得しに行く」などの意見に分かれます。

それぞれの理由を尋ねると、①では「健二は初め謝るつもりはあったけれど、大輔が怖くて謝れないと思う」、「最初に大輔の嘘を認めてしまったので、今さら本当のことは言えない」「雄一には悪いけど犠牲になってもらうしかない」などが出てきます。②では「雄一に悪いと思うので謝った方がよいけれど、今さら先生に名乗り出る必要はない」。③では、「嘘をついたことを認め、早く雄一に謝り、先生にも本当のことを言った方がいい」。④では、「大輔ともう一度話し合って、方針を決めた方がいい」などの意見が出てきます。

ここまでくると、単に「健二は本当のことを正直に言う、言わない」という二者択一の責任問題だけでなく、「雄一に謝るか、謝らないか」「大輔を説得するか、放っておくか」など友人関係の問題とも深く関連していることが分かってきます。

第4段階では、問題全体を俯瞰して、道徳的に最善な解決策を絞り込んでいきます。ここでは主人公（健二）の抱える苦悩や葛藤状態から一旦抜け出し、また自分の過去の経験から引き出された意見からも離れて、人間としての生き方をふまえ純粋で誠実な道徳的判断をするためにはどうしたらいいかを考えます。ここで教師が「それぞれの解決策を実際に行ったら、どうなるだろう」と問いかけます。すると、生徒は因果関係をシミュレーションして、次のような意見を出します。例えば、①「このまま黙っていれば、たしかに先生には叱られずに済むが、それでも雄一に悪いので、良心の呵責に苦しみ続けることになるな…」と気づきます。②では、「雄一に許してもらえるかもしれないけれど、先生に嘘をつき続けるので責任をとったことにはならない」、「でも、大輔との関係はこのまま続けられそう…」と考えます。③では、「雄一にも先生にも本当のことを言った方が気持ちも晴れてスッキリする。これからの人生も前向きに堂々と生きられる気がします」「ただし、後で大輔から怒られてしまうかもしれないのが不安です」などの意見が出ます。④「大輔と話し合えば分かってもらえる」「喧嘩別れになるかも」などと考えます。

こうして話し合いを進めると、納得解として③の「雄一に謝り、先生に本当のことを報告に行く」という解決策にだんだん絞れてきます。ただ、この道徳的問題は、単に「健二が正直に罪を認め、雄一に謝ると共に、先生にも報告に行く」ことだけでは解決しないことも分かっています。つまり、先生に報告に行く場合、大輔との人間関係をどうするかという別の問題が浮上してくるからです。

ここで教師は問題を再設定し、「それでは、大輔に対してはどうしたらいいだろう」と問いかけます。すると、生徒たちは「先生のところへ行く前に大輔にも相談しておき、2枚目のガラスは自分（健二）が割ったことを伝えに行けばいい」「この二枚目のガラスのことはきちんと自分が責任を取りたいと伝えれば、大輔にも分かってもらえる」などの意見も出ます。

この問題は、健二が自分の非を認めて教師に知らせて謝るだけでは解決せず、雄一や大輔との人間関係も築き直すことができて初めて解決するのであり、今後の学校生活も気持ちよく前向きに過ごすことができることに気づきます。こうした誠実な態度をとり、友人とも気持ちよく付き合うことができると、人間として誠実に生きる喜びにも繋がっていきます。

第5段階では、この道徳授業で学んだ誠意ある対応や人間関係をふり返り、その教訓を生徒たちが日常生活に生かしていけるようにします。例えば、自分に何か落ち度があれば、すみやかに素直に謝罪することとか、日ごろの友人関係でも誰かを犠牲にすることなく互いに尊重し合って付き合うことなど、生活実践に生かせる内容はいくらでもあります。そうした意識で誠実な行為をしたり友人との人間関係を改善したりしたところを1週間後に振り返ってみて、自らの道徳的な成長を実感することができます。

おわりに

本稿では、20年後の未来に想いを馳せ、これからの道徳教育のあり方を考えるために、考え議論する問題解決的な道徳授業の指導法について検討してきました。そこでは、これからのSociety5.0時代において、AIの指示により受動的・形式的に道徳的価値を学習し、思考・判断・行動するロボット的な他律的人間を育てるのではなく、主体的に考え判断し協働して道徳的な問題を解決しながら新たな価値や納得解を創り出していく自律的人間を育てることを目指しています。

そうした問題解決的な学習に対応した学習指導過程を開発・検討してきました。本文でも詳述したように、①問題状況を把握し、②原因を分析し、③多様な解決策を創出し、④道徳的に最善な解を絞り込み、⑤それを実行・汎用していくという5段階に便宜的に分けてあります。ただし、それぞれの段階は、相互に関連し合いますので、厳密に形式的な分類をする必要はなく、子どもたちの思考の流れに沿って臨機応変に対応すべきでしょう。

こうした道徳授業を実際に行ってみて、課題もいくつか見えてきたところがあります。まず、第1と第2の段階で問題を見つけ出し、その原因を分析するまでにこだわり過ぎて、時間がかかり過ぎるところがあります。あくまで第3と第4の段階で解決策を創出し、道徳的に最善な解を絞り込むところに重点があることに留意したいところです。また、第1と第2の段階で過去の問題発見やその分析に固執すると、ネガティブで批判的な考えが強まりがちなので、第3と第4段階では未来に向けたポジティブな発想に切り替えて、実行可能な解決策を協働して熟議し納得し合えるようにしたいところです。

次の課題としては、問題解決場面で、なかなか一面的・一方的な自己中心の狭い発想から抜け出せず、互いに納得し合える解決策を導き出せないことがあるということです。つまり、第3段階で考えた普段の自分の我欲的な考えにこだわってしまい、その後で多面的・多角的に広げて考え議論しても、柔軟に考えを練り直すことができないのです。確かに物語への思い入れや登場人物（主人公）の特性に応じて共感できる度合いが異なり、子どもの性格特性や経験を反映した解決策に執着してしまいがちです。ここではある程度まで「個別最適な学習」を取り入れて、それぞれの解決策に対する因果関係をふまえて、気長に丁寧なフィードバックを入れて柔軟に対応することが必要になります。

第3に、道徳授業は架空の物語などを用いて問題解決をするので、現実的な生活場面にすぐ応用・汎用できないことがあるという点です。第5段階で示したように、現実場面で問題解決を経験するからこそ成長を実感できるところがあります。授業後に、道徳の理論・授業と生活実践を有機的に結びつけ、確かな道徳的資質・能力の育成に結びつける機会を提供できるようにすることが大事です。

これからの時代に適した道徳教育は、過去の価値観や生き方を安直に教示して終わろうとするのではなく、子どもたちと共に自己の生き方や人間としての生き方について考え議論しながら、協働して互いに納得し得る解を創り上げる学習スタイルです。こうした明るく肯定的な未来に向けて人生の諸問題を前向きに解決していく学習を、子どもたちと共に楽しんで創り出していきたいところです。

【註】

1　拙著『学びと生き方を統合するSociety5.0の教育―サイコエデュケーションで「知・徳・体」を総合

的に育てる―』（図書文化社、2020年）参照。
2 リンダ・カヴェリン・ポポフ『52の美徳 教育プログラム』（太陽出版、2005年）参照。
3 コニリー・アンドレアス、タマラ・アンドレアス『コア・トランスフォーメーション』、春秋社、2004年。Nami Barden、河合克仁、Krishnaraj『世界のエリートが実践する 心を磨く11のレッスン』、サンガ、2020年。
4 W・デイモン／A・コルビー『モラルを育む〈理想〉の力』、北大路書房、2020年。
5 「裏庭での出来事」、文部省『中学校 読み物資料とその利用』、1991年。

第3章 なにから学ぶのか

日本道徳教育史研究の現在地

江島顕一

1　日本道徳教育史という研究領域

日本道徳教育史とは文字通り、日本の道徳教育の歴史のことです。ただこの研究領域は、極めてマイナーです。それゆえ日本道徳教育史研究（者）という、日本の道徳教育の歴史に関する研究（者）もマイナーです。たとえマイナーであっても、優れた研究や、地道な研究が行われていればよいのです。つまり量的には少なくとも、質的には十分な研究の蓄積がなされてきた・いるならば、大きな問題はありません。しかし実際のところ、日本道徳教育史研究はこれまでもそして今も、質・量ともに活発な研究が展開されてきた・いるとは言い難いのが現状です[1]。

それでは道徳教育研究において、日本道徳教育史研究とは如何なる意味を持つのでしょうか。簡潔に語るならば、歴史から学ぶ意味を持っています[2]。わが国の学校における道徳教育の歩みには、今日そして明日に相通ずる有益な論点や知見、類似した挫折や葛藤がおびただしいほど蓄積されています。歴史の紆余曲折の中で先人が築いた制度、先哲が残した思索、先学が作った教材などの先達の試行錯誤の跡を丹念に、丁寧に辿ることは、今日の道徳教育の問題を摑み、その解決策を探る上でも、あるいは明日の道徳教育の課題を見据え、その対応策を見通す上でも、必須の作業です。現在の道徳教育とは過去の道徳教育の延長線上にある。現在の道徳教育は未来の道徳教育への出発点である。このような認識に立てば、未来の道徳教育を建設的、論理的に描くためには、過去の道徳教育を正確に知る必要があります。

本稿では以上のような問題意識から、日本道徳教育史の研究史を描出し、その現状把握を踏まえた上で、この研究領域における課題の提示を試みます。すなわち、**これまで日本の道徳教育の歴史に関する研究として、どのような研究が存在し、そこで何が論じられ、何が明らかにされてきたのか**を整理します。そして日本道徳教育史研究として（ひいては道徳教育研究として）、取り組むべき研究課題を指摘します。

本稿は、道徳教育研究のこれから（未来）のために、道徳教育研究のこれまで（過去）を振り返ることを通じて、日本道徳教育史研究の現在地（今）を考察するものです。

2　日本道徳教育史研究の動向

ここでは日本道徳教育史研究の動向を、この研究領域の主要な成果を通して概観します。なお本稿が対象とする「日本道徳教育史研究」とは、①道徳教育の歴史的叙述を主題とし、②戦後から道徳の教科化までに刊行された、③著作（資料集を含む）とします。

「道徳教育史」研究の登場（1960年代）

周知の通り、1958（昭和33）年に「道徳の時間」が設置されました。これにより道徳教育研究自体が興隆したといえますが、日本道徳教育史研究はどうだったのでしょうか。

日本道徳教育史研究の嚆矢《こうし》として挙げられるのは、**古川哲史編『日本道徳教育史』**（1961年）です。この書のはしがきには「必要あって日本教育史という名の書物をさがしてみたことがあったが、意外にその数の少ないのにびっくりした記憶がある。ところが日本道徳教育史という名の書物になるとなおいっそう稀で、しっかりしたものは一冊もないというのが現在の実情ではないかと思う」[3]と記されているように、管見の限り、この書が戦後初めて「日本道徳教育史」という名称を冠した著作です。この書は「そういう学界の欠陥をみたすことが第一の目標であるが、こんど道徳教育という講義が教員養成の大学では必須となったので、そのための適当な教科書を提供する」[4]ことも目的としていることが述べられています。執筆の方針として、日本における道徳教育の事実の歴史をメインとし、教育制度の記述を怠らないようにしたこと、思想の歴史に終わらないようにしたこと、また資料集としての意味も持たせようとしたことなどが挙げられています。

章立ては、古代国家、貴族社会、仏教、武家社会、庶民社会、近代社会、戦後の道徳教育とそれぞれなっています。道徳教育を近代の制度としての学校のそれだけではなく、広く社会のあらゆる層で行われた営みとして捉えているところにこの書の特徴があります。そして、古代、中世、近世、近代、現代とそれぞれの時代において、どのような「理想的人間像」が掲げられていたのかが言及されています。なお、この書の編著者の古川以外の執筆陣は、湯浅泰雄、渋川久子、古田紹欽、相良亨、今井淳、波多野述麿、大内三郎、勝部真長と東大倫理卒の共通点があります（古田のみ東大印哲）[5]。この点からして、戦後初めて出された日本道徳教育史研究は倫理学者によって編まれたといえます。

１９６０年代には、もう一冊「日本道徳教育史」を冠する著作が刊行されました。それが**安里彦紀『近代日本道徳教育史』**（１９６７年）です。まえがきによれば、この書は安里が東京教育大学に学位論文を提出した際に参考論文としてともに提出した「明治時代における道徳教育の変遷」をベースとし、それを大学におけるテキストに適するように、またわが国の道徳教育の変遷に関心を寄せる者を対象にして書きかえたものであるといいます[6]。

この書の副題が、「明治期における思想・社会・政治との関連を中心として」であるように、明治道徳教育史ともいうべきその詳細が、教育制度や内容、教科書などとともに記述されています。安里は１９０６（明治39）年生まれの沖縄県出身で、琉球大学、沖縄女子短期大学等で教鞭を執り、１９９０（平成２）年に逝去しました。なお、序には安里が学位論文を提出した東京教育大学の名誉教授かつ早稲田大学教授であった山田栄が執筆しています。

こうして１９６０年代には「日本道徳教育史」を書名とする著作が刊行され、この研究領域の幕開けを思わせましたが、これらに続く著作としての成果はその後しばらく刊行されることはありませんでした。

１９７０年代には、日本教育史研究の通史的な大作が立て続けに出版されました（例えば、文部省『学制百年史』記述編・資料編、帝国地方行政学会、１９７２年。国立教育研究所編『日本近代教育百年史』全10巻、教育研究振興会、１９７３‐１９７４年）。こうした文脈の中で、**梅根悟監修『世界教育史大系39　道徳教育史Ⅱ』**（１９７７年）が刊行されました。『世界教育史大系』は、全40巻の執筆者１００名を超える大部で、明治以降１００年のわが国の教育をあらためて厳しく問い直し、「日本の教育を民族的伝統を回復しつつ、しかも世界に通ずる教育に再創造する」[7]ことを目的として編纂されました。このうち、第38巻、第39巻には「道徳教育史」が当てられ、第38巻が世界、第39巻が日本となっています。この点については別途、はしがきにて「このような構成になったのにはあれこれの理由や事情があったが、何よりも道徳教育史については特に縦に一貫した日本道徳教育史といったものをまとめておきたいという要請が強かったことである。われわれ日本人にとって道徳教育、なかんずく学校における道徳教育および社会教育の一環としての道徳教育はヨーロッパ人の場合のキリスト教教育にもまして重大な重おもしさを持っている。特に近代日本の国民にとって学校で教えられた道徳教育は日本人の運命にかかわり、日本人の生命にかかわる重大事であった。そして今日、あらためて、それが重大事になろうとしている。そうした事態のもとで日本の道徳教育史だけを独立した一巻としてとり扱おうという構想が生まれたのである」[8]と述べられています。

第39巻の日本道徳教育史の章立ては、中世・近世における道徳教育から始まりますが、明治、大正、戦前昭和、戦後昭和がメインに叙述されているように、近現代の学校における道徳教育の変遷を中心に構成され、各時代の思想的背景を踏まえた上での記述となっています（明治啓蒙思想、自由民権運動、大正デモクラシー、日本ファシズムなど）。この第39巻の執筆者は、石川松太郎、上田薫、海老原治善、宗孝文、中野光、安川寿之輔でした。

テーマ的歴史研究の登場（１９８０年代）

再び日本道徳教育史研究の成果があらわされるようになったのは、１９８０年代に入ってからでした。この時期には、テーマ的歴史研究ともいうべき、独自の切り口で日本道徳教育史を描こうとする労作が出版されました。

その一つが、**船山謙次『戦後道徳教育論史』**（１９８１年）です。この書は、「真に民主的な道徳教育と正しい愛国心教育とを求める観点から、そして戦前のあやまちを絶対にくりかえさないという観点から、戦後の道徳教育政策と道徳教育諸論を、それが打ち出されてきた政治的社会的背景を述べながら、論評し、民主的道徳教育のあるべき方向の探究をこころみた」[9]とそのねらいが記されています。上下巻合わせて全10章（プラス終章）の内容構成であり、時期的には戦後直後から「道徳の時間」が設置されるまでの約15年間の道徳教育をめぐる論議・論争が収められています。例えば、第6章は「特設道徳肯定論」、第7章は「特設道徳批判論」というテーマが置かれ、各々の立場の主要な論者の立論が取り上げられ、論評が加えられています。

もう一つが、**間瀬正次『戦後日本道徳教育実践史』**（１９８２年）です。この書は、「戦後の学校における道徳教育の推移を当時の時代的な背景に結びつけた重要なテーマごとに、文部省側の施策とそれに対応する代表的な見解、とくに現場の学校における実践の大様を、できるだけ客観的に解説」[10]することが目的とされています。全10講（プラス序講、総講、付録2本）の内容構成であり、時期的には戦後直後から「道徳の時間」の設置を経て1980年代初めまでとなっています。各講のテーマは、「道徳の時間」の実践に関わる課題や成果が取り上げられ、例えば第6講では「道徳指導の基本」として、「道徳の時間」の設置後に学校現場に大きな影響を与えたとされる大平勝馬、平野武夫、宮田丈夫の指導過程とその特質が吟味されています[11]。

そしてもう一つが、**勝部真長・渋川久子『道徳教育の歴史』**（1984年）です。この書は、序にて「ここに道徳教育の歴史を、明治・大正・昭和・戦後と、通して見てゆくことのなかに、われわれはこれからの教育の未来への展望の視点を発見できるであろう」[12]と述べられているように、近現代の学校における道徳教育の通史を描き出すことが目的とされています。全7章の内容構成であり、近代に6章分、現代（昭和50年代まで）に1章分が当てられ、近現代の道徳教育の変遷が、その政策の方向性に関与した人物の思想や、各時期の教科書の具体的な教材内容を絡めながら記述されています。この書はコンパクトな形で学校における道徳教育の変遷をまとめた最初の一冊といえます。

このように1980年代には、思想的、実践的、歴史的と様々なアプローチをもって日本道徳教育史が描かれました。そして1960年代からの成果も合わせて、1980年代には日本道徳教育史の通史的把握が可能になったといえます。

戦後道徳教育史研究の登場（2000年代）

2000年代初頭には、戦後道徳教育史研究というものを代表する成果があらわされました。それらは特定の時期・期間における道徳教育の歴史的展開を究明するものでした。

その一つが、**押谷由夫『「道徳の時間」成立過程に関する研究』**（2001年2月）です。この書では、「第1は、戦後の道徳教育改革の動向を教育論的文脈において整理し直し、戦後の連続的な道徳教育改革の流れの中に『道徳の時間』特設が位置付けられることを検証する。第2は、さらに『道徳の時間』特設にかかわる審議過程と文部省側の見解、当時の道徳教育をめぐる社会的動向、『道徳の時間』特設において重要な役割を果たした研究者の主張を見ることによって、『道徳の時間』特設の社会的・理論的背景の全体像とその教育的意味を整理・統合する」[13]という2点がねらいとされています。

とりわけ、第2章の「『道徳の時間』特設時の審議の経緯と社会的背景」では、教育課程審議会の議事録などの一次資料が用いられ、「道徳の時間」特設の審議過程が明らかにされていますが、この点は設置から40年以上が経過して初めて具体的に検討された部分であったといえます。

もう一つには、**貝塚茂樹『戦後教育改革と道徳教育問題』**（２００1年4月）があります。この書では、「占領期における道徳教育問題の歴史的展開を再検討することで、戦後教育における道徳教育問題の意義と課題について考察した」[14]と述べられています。この書でいう「道徳教育問題」とは、占領期における修身科と「教育勅語」に関わる問題に集約されます。

また、「本書の基本的な立場は、戦後の道徳教育問題における通史的な意味での『逆コース』の存在に疑問を呈したものとなっており、占領後期の『教育反動化』といわれる動向は、『逆コース』と捉えるよりも、占領前期の過程で潜在化していた課題が、占領後期に顕在化したものとして捉えるべきであると結論づけている」[15]というように、戦後の道徳教育をめぐる定説化された構図を再検討することをねらいとし、それが当時の新聞・雑誌、日本側の会議録、ＣＩＥ側の資料などの従来の研究で用いられてこなかった資料を渉猟・駆使して論証されています。なおこの書は、日本教育史研究者による初めての本格的な日本道徳教育史研究といえるものでした。

両著によって、戦後の教育改革から「道徳の時間」が設置されるまでの間の道徳教育の歴史的展開の詳細が実証的に描かれました。それゆえ両著は、戦後道徳教育史研究という分野を切り拓いた研究といえます。

近現代通史研究の登場（２０１０年代）

２０１５（平成27）年3月に「特別の教科　道徳」が誕生しました。日本道徳教育史において画期をなす出来事が起こった中で、これまでのわが国の学校における道徳教育をあらためて振り返る述作が出版されました。

その一つが、**行安茂『道徳「特別教科化」の歴史的課題』**（２０１５年）です。この書は、「特別の教科　道徳」の成立をうけ、来たるべき新しい道徳教育を展望する上で、戦前の歴史的変遷（第一部：全8章）と戦後の歴史的展開で生じた課題（戦後：全10章）を検討することが目的とされています[16]。これまでの通史的な叙述と異なるのは、戦前と戦後の道徳教育に欧米の倫理学、倫理思想・学説がどのように摂取され、どのような影響を与えたのかが各所で論じられている点です（例えば人物では、J・H・ミュアヘッド、J・デューイ、T・H・グリーンなど）。西洋倫理思想の専門家から見た日本道徳教育史が描かれています。

なお、第一部第7章「戦時体制下の学校教育と愛国心の高揚」では、筆者の行安自身の国民学校在学時の学校教育や修身科（国民科修身）が回顧されており、特に修身科の試験において「教育勅語」の暗記と筆写が求められていたことが記されていますが、これは当時の修身科の実態の一端を示す貴重な歴史的証言でもあります[17]。

もう一つが、**江島顕一『日本道徳教育の歴史』**（２０１６年）です。この書は先述の勝部・渋川の通史的述作を念頭に置きながら、明治から平成までの近現代の道徳教育の歩みが、制度、思想、教材という３つの視点に基づいて記述されています。後述する戦後に収集され、編纂された成果である資料を活かしながら、戦前の修身科、戦後の「道徳の時間」、そして「特別の教科　道徳」までの約１５０年間が資料によって語られています。

資料集の編纂

歴史研究の進展には、体系化された資料集の存在が大きく関係しますが、日本道徳教育史研究においても、数は多くないものの、有益な資料集が編纂されてきました。

そうした資料集の嚆矢《こうし》として、**宮田丈夫編『道徳教育資料集成』**（全３巻、第一法規出版、１９５９年）が挙げられます。この資料集は、明治初年から昭和33年９月までの道徳教育に関わる資料が収録されています。第１巻・第２巻では戦前の修身科の教科書（検定、国定等）が、第３巻では戦後の学習指導要領や道徳指導書などが収められています。また各巻の冒頭には、収録資料を踏まえて歴史的変遷が記述された「解説」が掲載されています。

１９８０年代には、ハンディな形での資料集が刊行されました。**中野光・藤田昌士編・著『史料　道徳教育』**（総合労働研究所、１９８２年７月）と**浪本勝年・志村欣一・岩本俊郎・喜多**

明人編『史料　道徳教育の研究』（北樹出版、1982年9月）です。前書は、戦前・戦後の道徳教育に関わる資料が収録され、簡潔な「概説」と資料に応じて短い説明文が掲載されています。後書も、大きくは戦前・戦後の道徳教育に関わる資料が収録され、その区分けごとに簡潔な「解説」が掲載されています。両著とも基本資料や重要資料が網羅され、また道徳教育に関わる年表も付されており、手元にあると便利な資料集となっています。

一方で、日本道徳教育史研究の活性化を目的的に図ろうとする意図のもとで、大部の資料集を編纂したのが貝塚茂樹です。一つが、**貝塚茂樹監修『戦後道徳教育文献資料集』**（全Ⅲ期39冊、日本図書センター、2003-2004年）であり、もう一つが**貝塚茂樹監修『文献資料集成　日本道徳教育論争史』**（全Ⅲ期15巻、日本図書センター、2012-2015年）です。前書は、その書名の通り戦後の道徳教育に関わる資料が中心ですが、今日では入手が難しい文献も多く収録されています。そして各期それぞれに「解説・解題」が別冊として出されています。後書は、明治から平成までの道徳教育を論争史という観点から15のトピックにまとめて集成したものであり、各トピックに係る論文・論説が多く収録されています。例えば、戦前であれば明治期のいわゆる「徳育論争」に関する基本文献がセットされており（第1巻）、戦後であればいわゆる「特設道徳」論争に関する論考が多様な媒体から収録されています（第12巻）。また各巻には、各トピックの論点や研究上の課題が示された「解説」と「解題」が冒頭に掲載されています。この貝塚による二つの資料集の編纂により、戦前・戦後の道徳教育史研究の基礎資料が整備されたといえます。

3 道徳教育研究における歴史研究の課題と意義

ここでは前節の日本道徳教育史研究の研究史を踏まえ、この研究領域において取り組むべき課題を示しながら、それに対する若干の提言を付け加えることにします。具体的な研究課題とは、①個別具体の研究における研究史の蓄積、②戦後道徳教育史研究の拡充、③近代道徳教育史研究の進展、の3つです。

①の個別具体の研究における研究史の蓄積とは、それぞれの道徳教育研究における研究史の叙述を着実に行っていくことです。より細分化していえば、例えば実践研究として教材研究を行うのであれば、教材研究史をまとめることです。これは言い換えるならば、先行研究を整理し、検討することであるといえます。研究として至極当然のことですが、道徳教育研究では、特に実践研究において足りていないのがこの点です。実践研究の中には、先行研究の整理や検討が不十分なまま、ともすると先行研究に何ら言及されないまま、論が繰り広げられているものが見受けられます。指導過程についての研究であれば、指導過程研究史、発

問についての研究であれば発問研究史、など学問的手続きを踏んだ研究が求められます。

また別の観点では、教育学の研究分野の立場から研究史をまとめることも必要です。例えば、教育哲学、教育心理学、教育方法学[18]、などの立場から、道徳教育研究の研究史を整理、検討するということです。教育学的に道徳教育研究を顧みて、その到達点を把握する時期に来ているといえます。いうまでもなく、本稿は教育史学の立場から道徳教育研究の研究史を描出するものです。
②の戦後道徳教育史研究の拡充とは、文字通り戦後の道徳教育の歴史に関する研究が多様に推し進められることです。1958（昭和33）年に設けられた「道徳の時間」は約60年の歴史に幕を閉じました。それにかわって始まった「特別の教科　道徳」の成否は、ある意味では「道徳の時間」の歴史的な研究、つまり戦後道徳教育史研究にかかっているといっても過言ではありません。今、戦後の道徳教育についての歴史的な検証を行う機は熟したといえます。前節で取り上げたように、戦後道徳教育史に関わる資料集はある程度揃っています。
また今日では、公的資料であれば、それらを入手することや閲覧することは比較的容易い状況にあります。それらを十分に活かしながら、またそれらを手がかりとしながら、資料の収集と活用による新たな戦後道徳教育史研究の登場を期待します。

具体的には、戦後道徳教育を牽引した人物の研究が必要です。それには行安茂・廣川正昭編『戦後道徳教育を築いた人々と21世紀の課題』（教育出版、２０１２年）が参考になります。この書で取り上げられた人物については、およその人物射程はまとめられているものの、その思想や実践の本格的な検討の余地は残されています。こうした人物研究の蓄積も戦後道徳教育史研究の重要な一端をなすはずです[19]。

③の戦前の道徳教育史研究の進展とは、端的にいえば修身科の解明を意味します。これまで修身科の研究は、小学校の修身科教科書に関する研究がメインに行われてきており、相応の研究蓄積があります。それに比して、修身科の指導法や評価法についてはほとんど研究が行われておらず、さらにいえば小学校以外の学校種にも存在した修身科（例えば師範学校）についても、手がつけられていないといってよい状況です。すなわち修身科は、部分的にはクリアになっているものの、他の側面や全体像については、不明瞭のままなのです。

戦前の道徳教育史には、今日と同様の理論上、実践上の課題が数多く横たわっていました。例えば、今日の表現を借りれば、全面主義的な修身教育の中にあって、修身科はどのような意義を持ち得るのか、修身科の指導は実際の行動変容にどこまで関わるのか、修身科の評価は知情意の何をどこまでどう行うのか、などです。これらは戦前の学校や教員が直面し、乗り越えようとした課題でした[20]。これらの課題に対する応答は、今日の道徳教育に対して多くの示唆を与え得るものです。日本道徳教育史研究として、修身科の歴史的な全容解明も依然として課題であることを指摘しておきます。

以上の3つの研究課題は、日本道徳教育史研究の課題であると同時に道徳教育研究の課題でもあります。これらに取り組んでいくことは、教科教育学としての道徳科教育学、あるいは学問としての道徳教育学の構築にも繋がるものです。

今後も日本道徳教育史の研究者として、このマイナーな研究領域を開拓し、日本道徳教育史を紡いでいくことに尽力していきます。

1 2000年から2021年までのこの20年間を見ても、歴史を含めたいわゆる理論研究に関する論考は、道徳教育研究においては量的にそれほど行われていないことが指摘されています。走井洋一「道徳教育研究についての動向分析（1）―2000年〜2021年までのCiNiiの検索結果をもとに」『東京家政大学教職センター年報』第12号、2021年。
2 江島顕一『日本道徳教育の歴史―近代から現代まで』ミネルヴァ書房、2016年、ii-iii頁。
3 古川哲史編『日本道徳教育史』角川全書31、角川書店、1961年、3頁。なおこの書は後の1973年に有信堂のカレッジ・ブックスとしても発行されています。
4 同右、3頁。
5 なお、湯浅、渋川、相良、今井、波多野は、古川哲史・堀秀彦編『道徳教育講座 別巻 道徳教育小事典』（角川書店、1958年）の「道徳教育の歴史（日本編）」にて、この書とほぼ同じ時期区分を担当執筆しています。

6　安里彦紀『近代日本道徳教育史―明治期における思想・社会・政治との関連を中心として』高陵社書店、1967年、5頁。
7　梅根悟監修『世界教育史大系38　道徳教育史Ⅰ』講談社、1976年、巻頭文。
8　同右、「はしがき」。
9　船山謙次『戦後道徳教育論史』上、青木書店、1981年、「まえがき」。
10　間瀬正次『戦後日本道徳教育実践史』道徳教育全書5、明治図書出版、1982年、「まえがき」。
11　なお平野、宮田に加えて、この時期に道徳授業論に影響を与えた人物の主張がまとめられた述作に次のものがあります。現代道徳教育研究会編『道徳教育の授業理論―十大主張とその展開』明治図書出版、1981年
12　勝部真長・渋川久子『道徳教育の歴史―修身科から「道徳」へ』玉川大学出版部、1984年、「序」。
13　押谷由夫『「道徳の時間」成立過程に関する研究―道徳教育の新たな展開』東洋館出版社、2001年、10頁。
14　貝塚茂樹『戦後教育改革と道徳教育問題』日本図書センター、2001年、13頁。
15　同右、20-21頁。
16　行安茂『道徳「特別教科化」の歴史的課題―近代日本の修身教育の展開と戦後の道徳教育』北樹出版、2015年、3-4頁。
17　戦前の日本道徳教育史研究の重要な課題の一つには、こうした実際の修身教育や修身科の授業を受けた世代の当事者たちへのヒアリングやインタビューであると考えています。
18　例えば、教育方法学の立場から道徳教育研究を整理した論考に次のものがあります。荒木寿友「道徳教育の変遷―「道徳的価値」をどう扱ってきたか」田中耕治編著『戦後日本教育方法論史（下）―各教

科・領域等における理論と実践』ミネルヴァ書房、2017年。

19 例えば、戦後日本道徳教育史における平野武夫の授業論の位置付けを検討した論考に次のものがあります。足立佳菜「平野武夫価値葛藤論における道徳授業論形成過程に関する考察―「道徳の時間」草創期における「内面化論」との呼応」『道徳と教育』第336号、日本道徳教育学会、2018年。

20 こうした修身科の教育課題の諸相について考察した論考に次のものがあります。江島顕一「明治後期における修身科の諸相―その教授法をめぐる課題の生起と対応」道徳教育学フロンティア研究会編『道徳教育はいかにあるべきか―歴史・理論・実践』ミネルヴァ書房、2021年。

［付記］本研究はJSPS科研費　21K02609　の助成を受けたものです。

韓国道徳科にみるコンピテンシー・ベースのカリキュラム改革

関根明伸

1　はじめに

２０１７年に告示された現行学習指導要領は、子どもたちの基礎的資質・能力の育成を重要な目的に掲げており、周知の通り、今回の各教科等は育成すべき資質・能力、すなわち「知識・技能」、「思考力・判断力・表現力等」、「学びに向かう力・人間性等」の「三つの柱」によって整理されました。その背景には、これまでの「何を学ぶのか」から、「何ができるようになるのか」という、いわゆるコンテンツ・ベースからコンピテンシー・ベースのカリキュラムへの転換がありました。

しかし、「特別の教科　道徳」（以下、道徳科）だけはこの枠組みから外れており、その学習指導要領は資質・能力の観点からの明確な整理がなされていません。というのは、道徳科だけは他教科等に先んじて２０１５年3月に改訂されたため、カリキュラムの構成が前述のコンセプトで整理されないまま現在に至っているからです。その意味では、この教科で育成すべき資質・能力について再検討し、あらためて道徳科の性格や位置づけを明確にすることは、未来に向けて積み残された課題の一つになっていると言えるでしょう。

一方、隣国の韓国では、現在わが国と同様に初等学校と中学校には「道徳」（以下、「道徳科」）という教科が存在しますが、近年のカリキュラム改革は、注目すべき先行事例の一つとなっています。なぜならば、**２０１５年に告示された現行の「２０１５改訂教育課程」（以下、「２０１５年版」）では、全ての教科等が既にコンピテンシー・ベースのカリキュラムとして編成されており、「道徳科」もその観点から改訂されて実践されているから**です。また、**そもそも日韓両国の道徳教育を俯瞰《ふかん》してみれば共通点が多い**ことも注目すべき点です。たとえば、戦前の日本統治時代にはともに「修身」が実施されていた（１９１１〜１９４５）こと、戦後には社会科を中心とする道徳教育（１９４５〜１９６３）や「特設道徳」の時期（１９６３〜１９７３）があったこと、そして現在はともに教科教育で（韓国での教科化は１９７３年）行われていることなど、近代以降の両国は極めて似通った道徳教育の課題と歴史を有してきました。だからこそ、両国は互いに参照とすべき実践や事例が少なくないといえるのです。

現在、韓国では道徳教育を含む「人間性」の育成に関する教育は、広い概念として「人性

教育」（인성교육）と呼ばれており、その取り組みと重要性は広く国民に認識されています。こうした中で、2015年1月には「人性教育振興法」が制定され、これにより「人性教育」は学校だけの問題ではなく、社会全体で取り組むべき国家的な課題として法的に位置づけられました。一方、「2015年版」では、「道徳科」は学校教育における「人性教育」の「中核教科」に位置づけられており、コンピテンシー・ベースが全面に打ち出された道徳教育が進められているところです。

本章では、このような近年の韓国道徳科教育の動向について、「人性教育」の理念と「2015年版」の「道徳科」カリキュラム構成を中心に検討することにより、わが国の道徳科への示唆点を探ります。

2 「弘益人間」と「人性教育」の理念

(1) 「弘益人間」の理念

まず、韓国が目指す教育目的についてみてみましょう。韓国の教育において、最も根本となる法規には教育基本法があります。同法「第2条」には、韓国教育の根本理念に関連し、次のような「弘益人間」という言葉が登場します。

教育基本法（一部抜粋）

第2条（教育理念）　教育は**弘益人間**の理念のもと、すべての国民をして、人格を陶冶し、自主的な生活能力と民主市民として必要な資質を備えるようにし、人間らしい生活を営むべく、民主国家の発展と人類共栄の理想を実現することに寄与することを目的とする。

出典：文部科学省ホームページ

(https://www.mext.go.jp/b_menu/shingi/chukyo/chukyo8/gijiroku/020501hc.htm)

（太字は筆者による）

ここには個人の人格の陶冶とともに、それを通して民主国家の発展を支えて人類の共栄に貢献する社会の形成者としての人材育成が同時に目指されており、その目指すべき中心的な理念は、「弘益人間」（홍익인간。英訳はMaximum Service to Humanity）という言葉で表現されています（中央大学校附設韓国教育問題研究所１９７４：12-14）。この「弘益人間」とは、「広くすべての人間の利益になる」ことを意味しており、１９４９年に教育政策を審議した朝鮮教育審議会において、解放後の指針とすべき教育理念が協議された際に初めて登場した言葉でし

た。ただし、この「弘益人間」自体は、13世紀の高麗時代後期の『三国遺事』や『帝王韻記』など、古朝鮮の建国神話である檀君神話に登場する言葉であったため、当初は非科学的な神話に基づくとの理由から反対意見も多かったと言われます。しかし、その一方で同審議会では、民族の歴史の中で８００年以上も大切に伝承されてきた理想的精神であると評価され、最終的には１９４９年制定の「教育法」(教育基本法の前身)に明記されることになりました。以来、今日まで解放後の韓国では、この「弘益人間」が一貫して教育目的の中心的な理念とされてきました(関根　２０１８：１６０-１６６)。

(2)「人性教育振興法」の制定

一方、現代では「人性教育」(인성교육)の実践が社会的に大きな注目を集めています。現在、韓国では校内暴力やいじめ、青少年の自殺件数の増加などが深刻な社会問題となっていますが、２０１５年1月にはこうした問題に対処すべく、「人性教育」を推進するための「人性教育振興法」が制定されました。

「人性教育」とは、広く「人間性」を育むための教育を指しますが、とりわけ「道徳科」とは高い関連性のある概念となっています。しかもこの法律に基づき、国、地方自治体、学校の三者は、有機的に連携を図りながら計画的に「人性教育」を実施すること、そして5年ごとに報告書を提出することが義務化されました。「人性教育」は社会全体が取り組むべき国家的な課題として取り組まれているのです。

では、次に「道徳科」について、「2015年版」を中心にみていきましょう。

3　コンピテンシー・ベースの「2015年版」

(1)「2015改訂教育課程」の制定

韓国の教育にはわが国との共通点が数多くみられますが、とりわけ、各教科等の教育内容が、国家基準のカリキュラムである「教育課程」によって全国統一的に規定されている点はよく似ています。各学校ではそれをもとにカリキュラムを編成することになりますが、その基準となる「教育課程」は、わが国の学習指導要領と同様に、国家的・社会的な要求や児童生徒の発達段階、そして様々な教育的ニーズ等に対応しながら、解放後はこれまで数度の全面改訂が行われてきました。「教授要目」(1946)を皮切りに、「第1次教育課程」(1954)から「第7次教育課程」(1997)までは、約7~10年ごとに全面改訂が実施されてきています。しかし、2007年以降は様々な教育的ニーズに迅速かつ柔軟に対応するため、全面改訂から、教科等ごとの随時改訂制へと切り替わっています。

ところが、2015年9月告示の「2015年版」では、かつての全面改訂に近い大規模な改訂が断行されました。改訂の目的は、一つには国家的・社会的な要求である「未来社会が求める創意融合型人材の養成」のためであり、そしてもう一つは児童生徒に対する「学習経験の質改善による幸せな学習の具現」のためでした（教育部　2016：25）。前者は、文科系と理科系に分化されてしまう学びのアンバランスを改善し、高い総合的な能力を有する人材の育成を企図したものでした。「融合型人材」とは、文・理両方の能力を備えた人材を意味しています。そして後者は、従来の学習量や結果を重視してきた知識習得型の学習から、学習の質や過程を重視する教育への転換により、「多く知る教育から学ぶことを楽しむ幸福教育」への改革を目指したものでした（教育部　2016：27）。

また、韓国では「2009年改訂教育課程」より、2000年前後頃からのOECDや欧米先進諸国等におけるコンピテンシー重視の影響を強く受けてきました。すなわち、グローバルな知識基盤経済社会に対応するために、教育の目標には教科の知識・技能に加え、教科固有、あるいは教科横断的な汎用的スキルなどの「資質・能力」を明確化することで、批判的思考、意思決定、問題解決、自己調整といった高次の認知的スキルやコミュニケーション力などの社会的スキル、さらには思慮深さ、自立性、協調性、責任感等の人格特性・態度等を育成しようとする傾向です（石井　2015：6）。韓国はこうした海外の動向からも影響を強く受けてきました。

そのため、「2015年版」では後述するように、新たに「核心力量」（core competency）という概念が導入されており、教科ごとに求められる資質・能力としての「探究力量」や「思考力量」などが明確にされました。学校教育の全体を通じた実質的な教育効果が重視されており、児童生徒には、何ができるようになるべきかが、資質・能力の目標として明確化されているのです。

(2) 「追求する人間像」「核心力量」「教科力量」

韓国の「教育課程」が、わが国の学習指導要領と異なる点としては、どのような国民を育成しようとしているのかが、明確にされている点をあげることができます。「教育課程」の「総論」の冒頭には、「追求する人間像」が明記されており、韓国の教育が一貫して目指している人間像が、以下のように明示されているのです。

「追求する人間像」

1．全人的な成長を基にアイデンティティを確立し、自分の進路と生を開拓する自主的

な人間
2. 基礎能力の土台の上に、様々な発想と挑戦によって新しいものを創出する**創意的な人間**
3. 文化的素養と多元的価値に対する理解を基にした人類文化を享有し、発展させる**教養のある人間**
4. 共同体意識を持った世界市民として配慮と分かち合いを実践する**共に生きる人間**

出典：教育部告示第 2015-74 号［別冊1］（教育部告示第 2015-80 号、第 2017-108 号附則改訂を含む）
教育部『初・中等学校教育課程総論』（2017）p.1.（訳および太字は筆者による）

しかも、「追求する人間像」自体は以前から明示されていましたが、「２０１５年版」では、ここに新たに「核心力量」が追記されました。「核心力量」とは韓国の未来社会で求められる人材が備えるべき資質・能力を指しますが、「２０１５年版」では、自己管理力量、知識情報処理力量、創意融合思考力量、審美的感性力量、コミュニケーション力量、そして共同体力量という６つの力量を掲げています。「２０１５年版解説」によれば、これを追記したのは、**「追求する人間像」を資質・能力育成の側面から明確にすることで、学校教育全**

体で育成すべき「核心」的な資質・能力を具体的に示そうとしたからでした（教育部2017：2）。

4　韓国道徳科「教育課程」の実際

では、次に「道徳科教育課程」（2015）のカリキュラム構成を中心に、その特徴を探ってみたいと思います。

(1)　「道徳科」の教科目標

「道徳科」の「総括目標」には、以下の通り示されています。

> 道徳科は基本的に誠実、配慮、正義、責任など21世紀の韓国人として持つべき人間性の基本要素を核心価値として設定し、内面化することを一次的な目標とする。これを土台として自分の人生の意味を自主的に探索できる道徳的探究及び倫理的省察、実践過程で伴う道徳を行う能力を養い、道徳的な人間と正義感に満ちた市民として生きていけるように手助けすることを目標とする。―(中略)―

(1) 初等学校段階では、〃正しい生活〃科で形成された人間性を基に、自分、他者、社会・共同体、自然・超越的存在との関係で自分の生活を反省し、様々な道徳的な問題を探究し共に生きるために必要な基本的な価値・徳目と規範を理解し、道徳的技能と実践力を涵養する。

(2) 中学校段階では、小学校の道徳科で形成された価値・徳目及び規範に対する理解と道徳的技能及び実践力を深め、現代社会の多様な道徳問題に対する探究と人生に対する省察を基に道徳的アイデンティティを構成し、相互に配慮の人間関係と正義に満ちた共同体及び自然との調和した関係を具現化し、積極的に実践する徳性と力量を養う。

出典：教育部告示第2015-74号［別冊6］『道徳科教育課程』（２０１５）pp.3-4.

（傍線及び訳は筆者による）

韓国の「道徳科」では、「誠実」「配慮」「正義」「責任」という4つの「核心価値」が重視されていますが、これらは「自分」と関係性のある、「自分」、「他者」、「社会・共同体」、「自然・超越的存在」という四つの領域において、それぞれ中心とすべき価値が定められていることを示しています。そして、この「核心価値」を中心としながら様々な価値を内面化し、その上で「道徳的探究力」や「倫理的省察力」、そして「道徳的実践力」の育成が目指されていくのです。つまり、まず基盤となるべき価値の理解目標が示され、その土台の上で連続的に道徳的実践力や技能としての態度目標が明記されるかたちになっており、前者の価値理解が後者の前提となっているといえます。

なお、初等学校段階では、1、2学年の「正しい生活」という教科に連携しながら、「道徳的な問題を探究」することや「道徳的技能と実践力」を、中学校段階ではその基盤の上で「現代社会の多様な道徳問題に対する探究」を行うとともに「実践する徳性と力量」の育成が求められています。段階的にコンピテンシーの育成が強調されているのが分かります。

(2) 「道徳」の内容

(ア) 内容構成の特徴

「道徳」の内容（初等学校）は、以下のような構成となっています。

表 2-1　初等学校「道徳」（2015）の内容体系

領域	核心価値	一般化された知識	内容要素		技能
			3～4学年群	5～6学年群	
自分との関係	誠実	人間として好ましく生きるために自分に偽りなく誠を尽くして忍耐し、自分の欲求をコントロールする。	○道徳の時間には何を学ぶのか？（勤勉・正直） ○なぜ物を大事にしなければならないのか？（時間の管理と節約） ○なぜ最善を尽くさなければならないのか？（忍耐）	○どのようにして感情はコントロールできるのか？（感情表現と衝突の抑制） ○自主的な生とは？（自主・自律） ○正直な生とはどのような生か？（正直な生）	○道徳的アイデンティティ ・自己認識及び尊重すること ・感情をコントロールすること ・感情を表現すること ○道徳的習慣化 ・生活の計画を立てること ・範例を反復すること ・誘惑に打ち克つこと
他者との関係	配慮	家族及び周囲の人々と共に生きるためにお互いに尊重し、礼節を守り、奉仕と協同を実践する。	○家族の幸せのために何をするべきか？（孝、友愛） ○友人と仲良く過ごすためにどのようにするべきか？（友情） ○礼節がなかったらどのようになるのか？（礼節） ○一緒に行うことによって良い点は？（協同）	○ネット空間で守るべきことは？（ネットマナー、遵法） ○互いの考えが異なるときはどのようにしなくてはならないだろうか？（共感、尊重） ○なぜ他者を手助けしなければならないのか？（奉仕）	○道徳的対人関係能力 ・傾聴・道徳的に対話すること ・他者の立場の理解・認めること ・約束を守ること ・感謝すること ○道徳的情緒能力 ・道徳的感性を持つこと ・共感力を養うこと ・多様性を受容すること

表 2-2　初等学校「道徳」(2015) の内容体系

領域	核心価値	一般化された知識	内容要素		技能
			3～4学年群	5～6学年群	
社会・共同体との関係	正義	公正な社会を作るために法を守り人権を尊重し、望ましい統一感と人類愛を持つ。	○公共の場ではどのようにするべきか？(公益・遵法) ○自分と異なる人を差別しても良いか？(公正性・尊重) ○なぜ統一が必要なのか？(統一の意志、愛国心)	○なぜお互いの権利を尊重しなければならないのか？(人権尊重) ○公正な社会のために何をするべきか？(公正性) ○統一に向かう望ましい道は？(統一意志) ○全世界の人たちとどのように生きていくのか？(尊重、人類愛)	○共同体意識 ・立場をとること ・公益に寄与すること ・奉仕すること ○道徳的判断能力 ・道徳的価値・徳目を理解すること ・正しい意思決定をすること ・行為の結果を道徳的に想像すること
自然・超越との関係	責任	人間として道徳的責任を果たすために人間の生命と自然、真の美と道徳的生を愛し、肯定的な姿勢を持つ。	○生命はなぜ大切なのか？(生命尊重、自然愛) ○美しく生きる人の姿はどのようなものか？(美に対する愛)	○困難に遭った時、なぜポジティブな態度が必要なのか？(自己尊重、ポジティブな態度) ○私は正しく生きているのか？(倫理的省察)	○実践能力 ・実践意志を養うこと ・責任感ある行動をとること ○倫理的省察能力 ・審美的感受性を養うこと ・自然との連帯感を持つこと ・反省と感情のコントロール

出典：教育部告示第 2015-74 号［別冊 6］『道徳科教育課程』(2015) p.6.（筆者訳）

目標と同様に、内容も「自分との関係」、「他者との関係」、「社会・共同体との関係」、「自然・超越との関係」という四つの領域で構成されており、これはわが国の内容項目の「四つの視点」、すなわち「主として自分に関すること」「主として他の人との関わりに関すること」「主として集団や社会との関わりに関すること」「主として生命や自然、崇高なものとの関わりに関すること」と非常に近いといえます。

しかし、その一方で韓国の内容には「**核心価値**」や「**一般化された知識**」、「**技能**」が提示されているのが相違点となっています。「核心価値」は、様々な価値について広く浅く網羅的に学習させるのではなく、各「領域」には重点化を図りながら指導すべき中心的な価値があることを示しています。そして「一般化された知識」では、当該価値に関連する「知識」を扱い、「技能」には問題解決のために必要なスキルなども含まれています。このように、内容に「知識」やスキル学習も含まれている点は、「道徳科」が「ネットマナー」や「統一問題」などのような現実的な課題にも正対することを意味しています。つまり、価値理解による知識習得型の学習に留まることなく、現実的で現代的な諸課題に対しても実効性を担保する教科にしようとしているのです。

なお、わが国との大きな相違点としては、「**内容要素**」**の示し方**を指摘することができます。わが国の内容項目では、徳目とその説明的な文がセットになっているのに対し、韓国の内容（「内容要素」）では、徳目と「なぜ○○なのだろうか？」のように、「問い」がセットになっているのです。たとえば、わが国の「相互理解、寛容」では、「自分の考えや意見を相手に伝えるとともに、相手のことを理解し、自分と異なる意見も大切にすること」（第3学年及び第4学年）と表記されていますが、韓国の「共感、尊重」では、「互いに考えが異なるときはどのようにしなくてはならないだろうか？」（第5・6学年）と表記されています。わが国では、コンテンツで明示されているのに対し、韓国では探究すべき道徳的なテーマの表現となっているのです。このように示すことで、児童生徒は実際の問題に対応するかのように、主体的に探究しながら道徳的価値を理解させるだけでなく、「知識」や「スキル学習」等も含めて追求させることで、現実の問題状況に対しても対応が可能な能力を育成しようとしているのです。このような内容構成は、従来の知識習得型・伝達型としてのコンテンツ・ベースからの転換が、最も端的に表れている部分と言えるでしょう。

（イ）「成就基準」による提示

また、「内容要素」の下位には、さらに詳細な「成就基準」（到達基準）が示されています。たとえば以下は、前述の「互いの考えが異なるときはどのようにしなくてはならないだろうか？（共感、尊重）」の「成就基準」の例です。

「互いに考えが異なるときはどのようにしなくてはならないだろうか？（共感、尊重）」の「成就基準」

[6道02-02]
多様な葛藤（争い）を平和的に解決することの重要性と方法を理解し、平和的に葛藤（争い）を解決しようとする意志を育てる。
1．多様な葛藤（争い）が発生する理由は何か、葛藤（争い）を解決するための共感能力はどのように身に付けることができるだろうか。
2．葛藤（争い）を平和的に解決するための傾聴、道徳的に対話するための能力はどのように身に付けられるのだろうか。

出典：教育部『道徳科教育課程』（2015）p.11.（括弧書き及び訳は筆者による）

ここには、「平和的に解決する」ために必要な知識理解における到達すべき基準と、「共感能力」や「対話するための能力」のような資質・能力や態度、そして行動におけるそれらがセットで示されています。こうした「成就基準」の表記は、子どもにとっては何を理解し、何ができるようにするのかという学習活動を明確化にさせますが、一方で教師にとっては指導と評価の活動をしやすくさせています。ここには、目標と内容と指導（方法）の一体化が強く意識されていることがうかがえます。

(3) 教育（指導）方法

教育（指導）方法では、認知的、情意的、行動的という三つの側面からの指導と学習が意識されています。すなわち各小単元は、①道徳的知識や判断力等に関する認知的な学習、②道徳的感情や意志・態度に関する情意的な学習、③道徳的実践力や習慣に関する行動的な学習で構成されており、これら三つの側面がバランスよく展開しながら大単元のテーマが追究されていくように構成されています。

また実際の形式は、講義形式や説話、ディスカッション、モラルジレンマ学習、ロールプレイング、ICT活動、プロジェクト学習、ボランティア活動が想定されていますが、その指導法の選択は担任に一任されています。前述のように、スキル学習やマニュアル学習も重視されています。

(4) 評価方法

（ア） 到達基準と評価基準による評価

評価は、初等学校では記述式、中学校では数値の表記で行われます。ただし、その目的は判定や評定のためではなく、あくまでも道徳性の発達の把握と指導方法の改善のためとされています。したがって、評価の活動は学習到達度の測定と分析に主眼が置かれています。

また、原則的に評価活動は行動の変容が指標とされています。そのため、評価基準は内容とも関連させながら、主として「内容＋行動」の形式で表現されています。たとえば、前述の単元では、「争いを理解する」ことと「説明すること」がセットになっており、説明できることが理解していることの判断基準になります。

（イ）認知的側面、情意的側面、行動的側面からの評価

教育（指導）方法と同様に、評価についてもやはり認知的、情意的、行動的の各側面から実施されることになっており、ここでも方法と評価の一体化が強く意識されています。知識を問う筆記評価やパフォーマンス評価としての行動観察、口述・論述、討論、ポートフォリオ、自己評価や相互評価など、多様な技法の活用により、評価の客観性や信頼性、妥当性を高めようとしています。

5　近年の動向と展望

解放後の韓国では、これまで一貫して「教育基本法」（および教育法）に教育の根本理念としての「弘益人間」を掲げながら、「人間性」に関する教育は、学校教育の道徳教育が中心的な役割を果たしてきました。しかし、深刻化する青少年問題等を背景に、近年では総合的で計画的な「人性教育」の必要性が強く叫ばれ、学校教育だけの問題にとどまらず、国や地方自治体も巻き込んだ有機的な教育活動として幅広く実践されています。その意味では、2015年の「人性教育振興法」の制定と「2015年版」の告示は、解放後の道徳教育の歴史において、重要な転換点となる改革だったと言えるでしょう。以上を踏まえ、わが国に示唆されるのは、以下のような点と考えます。

第一に、道徳科教育で教育できることや教育すべきこと、あるいは扱うべき内容等を明確にして限定することで、道徳科が、①社会の中で果たすべき役割、②学校で他の活動と連携して果たすべき役割や在り方、についてさらに検討していく必要があると考えます。法制化の賛否は別にして、韓国の「人性教育振興法」の制定は、「人性教育」が国、地方自治体、学校が連携すべき社会全体の問題であることを強く国民に認識させたと言えるし、その一方で「道徳科教育課程」は、「道徳科」が学校教育の中で担うべき役割をコンピテンシー育成の観点から明確にしたと言えます。未来社会で要請される道徳的な資質・能力は、学校教育、ましてや道徳科だけで育成できるものではなく、他の関係機関との連携や他教科等との関連は必須的とならざるを得ません。だからこそ、あらためて道徳科の固有の教育内容や範囲を措定するとともに、「特別の教科　道徳」の「特別」の意味や位置づけ、範囲等を明確にすることが求められるのではないでしょうか。

第二に、わが国が目指す社会像や人間像を踏まえた道徳科カリキュラム開発の必要性です。韓国では、「教育基本法」の「弘益人間」→「2015年版」の「追求する人間像」→「2015年版」の「核心力量」→「道徳科」の「教科力量」というように、道徳科で育成するコンピテンシーは、根本法規の教育理念や公教育が目指す社会像や人間像を踏まえており、それを実現するための目標や内容が、段階的かつ系統的に教育課程に反映されています。たしかに、わが国でも教育基本法には「人格の完成」や「平和で民主的な国家及び社会の形成者」と明記されていますが、目指す社会像や人物像としてはやや抽象的であり、具体的に示しているとは言い難いものとなっています。しかし、それらが今後も曖昧なままコンピテンシーの育成だけが強調されていけば、それ自体が目的化されることになり、学習の形式化や空洞化を招きかねないのではないでしょうか。わが国の未来社会の社会像とそこで求められる人間像についての検討を十分に踏まえた上で、道徳科でこそ育成すべきコンピテンシーとは何か一層吟味し、整理される必要があります。

第三に、内容項目の提示の仕方に対する再検討の必要性です。「道徳科教育課程」では、内容は徳目とその説明が単純に羅列されて示されるのではなく、テーマ性のある「問い」のかたちで示され、しかも探究的な学習の中で「知識」や「スキル」の学習も包摂されて示されています。たとえば、「道徳的思考力」とか「道徳的情緒能力」等は個別にその能力を訓練しようとしても困難ですが、韓国の「道徳科」では、具体的な課題に直面して思考し、協同的にコミュニケーションしながら解決しようとする文脈の中でこそ育成される、という考えに基づいています。こうした内容構成の仕方は、コンテンツとしての徳目を示してきた従来の徳目主義的なカリキュラムを克服するヒントになるかもしれません。

第四に、目標、内容、方法、評価が一体的に構成されたカリキュラム編成の必要性です。韓国の内容には、目標に準拠した成就基準（到達基準）が設定され、評価はその基準に沿いながら目標の実現度が測られるとともに、改善の「資料」を得ることによって指導の成果や改善点をみえやすくしています。一方、わが国の道徳科では評価は目標に準拠しないばかりか、観点別の評価はせず、評価の「視点」は2点だけに絞られています。すなわち、①一面的な見方から多面的・多角的な見方へと発展しているか、②道徳的価値の理解を自分自身との関わりの中で深めているか、という2つの「視点」で学習状況を捉えるものになっているのですが、目標から内容、方法、評価までの一貫性がみえづらく、学習の成果や改善点について把握しにくいものとなっています。児童生徒の成長過程の把握と指導法の改善を進めようとする「2015年版」には、これらの一体的な構造化が強く意識されていると言えるでしょう。

以上のように、韓国の「道徳科教育課程」が示唆するのは、小手先の改善や改良ではなく、コンピテンシーの育成を基底に据えながら実効性を有し、社会の中で有機的に機能していく道徳科カリキュラムの在り方と言えます。特定の宗派や教義に基づく宗教教育でも、社会科的な教育でもなく、学校教育の中で固有の時間と内容を有する教科教育を展開しているわが国としても、コンピテンシー育成の議論には多くの示唆を得ることができるのではないでしょうか。

しかし、一方ではこうしたグローバル・スタンダードの潮流に沿った改革は、コンピテンシー育成への過度な期待と強調によっては、経済発展優先の国家発展や人材開発のみが目的化されてしまう危険性も孕んでいます。また、韓国のように成就基準（到達基準）に基づく指導や評価の設定も、厳密に追求すればするほど、その分かりやすさとは裏腹に思考と行動の型はめを促進させることになり、道徳教育の形式化と空洞化をもたらすことにもつながりかねません。日韓両国には、こうした危険性には十分注意しながら、自国の実情に合った固有のカリキュラム改革を模索していくことが望まれます。

いずれにせよ、韓国の「人性教育振興法」の施行と「2015年版」の告示からは、まだ7年を経過したに過ぎません。これらの成果と課題については、今後も引き続き注目していきたいものです。

引用・参考文献

中央大学校附設韓国教育問題研究所（1974）『文教史』中央大学校出版局
中央日報日本語版ウェブサイト（2014年12月30日付）
https://japanese.joins.com/JArticle/194644?sectcode=400&servcode=400
教育部（2015）『道徳科教育課程［別冊6］』
教育部（2016）『2015改訂教育課程　総論解説―初等学校―』
教育部（2017）『初・中等学校　教育課程総論［別冊1］』
石井英真（2015）『今求められる学力と学びとは―コンピテンシー・ベースのカリキュラムの光と影―』日本標準
石川裕之（2014）「韓国における国家カリキュラムの革新とグローバル化」日本教育学会『教育学研究』第81巻第2号
関根明伸（2018）『韓国道徳科教育の研究　教科原理とカリキュラム』東北大学出版会

終章　何のために学ぶのか

「市民教育」としての道徳教育

苫野一徳

はじめに

「未来の道徳教育」を考えるにあたっては、まず次の2つの問いに答え抜く必要があるでしょう。

①そもそも公教育とは何か？（学校は何のために存在するのか？）

②そもそも道徳とは何か？（道徳を教育するとはどういうことか？）

これらの問いを底に敷いてはじめて、ではこれからの道徳教育はどうあるべきなのか、そのビジョンとロードマップを描き出すことができるようになります。逆に言えば、ここが曖昧なまま議論を進めてしまえば、道徳教育は結局、それぞれの論者の信念や価値観、もっと言えば〝趣味〟の次元で進められてしまうことになりかねません。

そこで本稿では、まずこの2つの問いを、哲学的に解明していくことにしたいと思います。むろん、絶対に正しい答えがあるわけではありません。しかし、細かな点はともかく、大筋においては、共通了解可能な答えはおそらくすでに出ています。読者の皆さんには、その妥当性を、ぜひじっくり検証いただければ幸いです。

以上の問いに続いて、本章では、ではこれからの道徳教育はどうあるべきか、その内容や方法について論じていきます。本章のタイトルの通り、「市民教育」としての道徳教育がその基本方針となりますが、その主張の妥当性もまた、ぜひ吟味検討していただければ幸いです。

1　人類の歴史は戦争の歴史である

そもそも公教育とは何か。この問いに答えるためには、迂遠ではありますが、まず人類の歴史を振り返る必要があります。以下、できるだけ簡潔に論じていくことにしたいと思います。

人類は、およそ1万年の長きにわたって、大規模な戦争を繰り返してきました。その画期となったのは、狩猟採集生活から定住・農耕・蓄財の生活への移行でした。

この「革命」によって、人類の生活は一変しました。思考の様式も、宗教も、そして集団のあり方も、何もかもが大きく変わりました。それまでは、多くてもせいぜい100人くらいのバンド（部族）でその日暮らしをしていた人びとは、農耕や蓄財によって、一気に数百、数千、そして数万人規模の共同体を作るようになったのです。

そしてそれは、大規模戦争の始まりも意味していました。

蓄財の開始は、その奪い合いの始まりでもあったのです。やらなければ、やられる。その不安競合が、人びとの集団をますます戦争共同体へと押し進めていきました。17世紀イングランドの哲学者トマス・ホッブズが言うところの、「万人の万人に対する戦い」が始まったのです。

この拡大し長引く戦いに一定の終止符を打ったのは、歴史上、まずは古代帝国の登場でした。ペルシア、エジプト、中国、ローマなど、大帝国の登場が、戦争を抑止し秩序をもたらすことになったのです。

しかしこれらの帝国もまた、やがては次の新たな帝国に討ち滅ぼされることになります。

——なぜ、人間だけがこのような戦いをやめられないのか？

この問いにようやく答えが見出されたのは、わずか2～3世紀前のこと。長年にわたり絶えず戦争を続けてきた、近代ヨーロッパにおいてでした。

なぜ人類だけが戦争を続けるのか？　ジャン＝ジャック・ルソーやG．W．F．ヘーゲルら哲学者たちはこう考えました。「それは人間だけが自由への欲望を自覚的に持っているからである！」と。

これはきわめて画期的な洞察でした。戦争の根本的な理由が分かれば、私たちはその解決に向けて知恵を絞ることができるようになるからです。

動物の場合、自由への欲望、すなわち「生きたいように生きたい」という主体的で自覚的な欲望は、人間ほどには持っているように見えません。彼らはどちらかと言えば、本能に従って生きているように見えます。それゆえ、動物同士の争いの場合、勝敗が決まればたいていそこで戦いは終わります。

しかし人間は違います。歴史上、人類は多くの場合、負けて奴隷にされて自由を奪われるくらいなら、死を賭してでも戦うことを選んできました。長い目で見れば、奴隷は必ず自由を求めて立ち上がってきたのです。現代においても、アメリカの公民権運動や、世界各地の性的マイノリティの人権を求める運動など、人びとは自由のために戦い続けています。

要するに、人間は自らが生きたいように生きたいという欲望、つまり自由への欲望を根源的に持ち、それを自覚しているがゆえに、この自由を求めて、相互に争い合い続けてきたのです。

2 〈自由の相互承認〉の原理

この戦いに終止符を打つための「原理」（考え方）はあるのだろうか？ これが、ルソーやヘーゲルら近代哲学者たちの次の問いでした。

ある、と彼らは言います。

その答えは、人類の歴史における最大の発明の一つと言ってよいものです。

彼らの答えは、次のようなものでした。私たちが自由になりたいのであれば、「自分は自由だ、自由だ！」などと、素朴に自分の自由を主張するのではなく、あるいはそれを力ずくで人に認めさせようとするのでもなく、まずはいったん、お互いに相手が自由な存在であることを認め合うほかにない。そしてそのことを根本ルールとした社会を作るほかにない！

どんなに強大な力を持った人も、自分の自由を人に力ずくで認めさせ続けることは、長い目で見ればほぼ不可能です。どんな帝国も、どんな君主も、その権力を永続化させようとすれば、それを阻む勢力によって必ず打ち倒されてきました。そしてそのたびに、激しい命の奪い合いがまた繰り返されてきたのです。

だからこそ、私たちは、自分が自由になるためにこそ、他者の自由もまた、つまり他者もまた自由を求めているのだということを、ひとまずお互いに承認し合う必要があるのです。そのことを、ルールとして共有する必要があるのです。もしも私たちが、自由に、そして平和に生きることを望むのならば。

これを〈自由の相互承認〉の原理と言います。現代の民主主義社会の、最も根本を支える原理です。

むろん、この原理を完全に実現するのは容易なことではありません。実際、この原理がヘーゲルをはじめとする近代哲学者たちによって見出されてから200年あまり、人類は今もなお、凄惨な命の奪い合いを続けています。

それでもなお、私たちが互いに命を奪い合うことをやめ、自らができるだけ自由に生きていけるようになるためには、この〈自由の相互承認〉の原理を共有し、そしてこの原理を、どうすればできるだけ実質化していけるかと問うほかに道はないはずです。実際、意外かもしれませんが、この原理が自覚され、そして世界中に少しずつ広がるにしたがって、人類の戦争や暴力は実は格段に減少したのです[1]。

3　公教育とは何か？

以上のように、誰もが自由に生きることを欲するならば、その限りにおいて、この社会は〈自由の相互承認〉の原理に基づいて作られるほかありません。とすれば、続く問いは、ではこの〈自由の相互承認〉の原理を、私たちはいかに実現させることができるかです。

重要な制度は次の3つです。すなわち、法（憲法）、公教育、そして福祉行政。

まず私たちは、すべての人が対等に自由な存在であること、すなわち〈自由の相互承認〉の原理を、ルール（法）として定める必要があります。

しかし、どれだけそのことが法によって保障されても、私たちが実際に自由になるための力を持っていなければ意味がありません。また、〈自由の相互承認〉の原理の理解や感度が、すべての市民のうちに育まれていなければ法も有名無実です。

ここに登場するのが公教育です。

公教育は、法によってルールとして保障された〈自由の相互承認〉を、現実に実質化するものという本質を持ちます。つまり公教育は、一人ひとりの自由の実質化と、また同時に、社会における〈自由の相互承認〉の実質化という、重なり合う二重の本質を持つものなのです。

以上から、公教育の本質は次のように定式化することができます。すなわち、「各人の〈自由〉および社会における〈自由の相互承認〉の〈教養＝力能〉を通した実質化」。

ここで〈教養＝力能〉と呼んだものは、ドイツ語のBildungの訳で、ひと言で言うなら私たちが自由に生きるための力一般のことです。また、「能力」ではなく「力能」としたのは、英語能力やコミュニケーション能力といった個別的な能力というよりも、自らが自由になるための、そして〈自由の相互承認〉を実質化するための、より包括的な力のニュアンスを出したいからです。

以下で明らかにする通り、道徳教育の内容や方法は、常に、この〈自由〉と〈自由の相互承認〉の実質化という公教育の本質を基底に導出されなければなりません。逆に言えば、この本質論を欠いた道徳教育論は、いつまでたっても、論者の価値観や信念の応酬に終始することになってしまうのです。

最後に福祉行政ですが、これは、障がいや貧困などのために、公教育だけでは十分に保障することができない市民の自由を最後に必ず保障するための制度です。

以上のように、法、公教育、福祉行政の三つの制度によって、〈自由の相互承認〉の原理を実質化する。これが、哲学者たちが長い思想のリレーを通して築き上げてきた近代市民社会のプログラムなのです。

4　道徳とは何か？

次の問いは「そもそも道徳とは何か？」です。

この問いについても、古代から現代にいたるまで無数の論争が繰り広げられてきました。本項ではそれらを丹念に追う余裕はありませんが、少なくとも、以上の議論から、近代市民社会における道徳の本質を導き出すことは十分に可能です。

結論を先取りして言えば、それは〈自由の相互承認〉のルールの自覚とその実践にほかなりません。どのような徳目が並べられたとしても、それらはこの本質に沿う限りにおいて道徳的と言えるのであり、逆に言えば、この本質に反するものは、どれだけ伝統的に道徳的とされてきたとしても、現代の民主主義社会においては道徳とは言えません。

人類史における道徳を機能的に見るならば、それは、共同生活を争いなく送るために共有された「習俗の価値」であると言うことができます。したがって、何を道徳とするかは、時代や国や地域、宗教、文化によって大きく異なります。

しかしだからこそ、この「習俗の価値」は、他の習俗、すなわち他の国や地域や宗教と絶えずぶつかることになりました。キリスト教道徳とイスラームの道徳は異なります。仏教も、ヒンドゥー教も、異なる道徳観念を持っています。

とすれば、何が起こるか。ひどい場合は、戦争です。そして人類は、自由をめぐる戦争において、異なる価値観をめぐる争いもまた、これまで延々と繰り返してきたのです。

〈自由の相互承認〉は、このような異なる道徳や価値観をめぐる争いをなくすための原理でもあります。すなわち、どの道徳（モラル）が正しいかをめぐって争うのはやめにして、どの道徳（モラル）も、それが他者の自由を侵害しない限りにおいて承認し合う。そのことをルールとして共有する。すなわち、モラルからルールへ。これが、それまでのモラル社会から近代ルール社会への画期的なパラダイムシフトだったのです。

その意味で、現代の民主主義社会においては、「習俗の価値」としてのモラルを教えることには正当性がありません。教えるべきは、あくまでも、どのようなモラルも、それが他者の自由を侵害しない限り認め合うという「ルール」なのです。したがって、公教育において「習俗の価値」としての「道徳教育」が行われるということは、本来、公教育の本質に反することと言わなければなりません。原理的には、公教育において道徳教育はすべきではないのです。

ただし、道徳の概念を、「習俗の価値」ではなく「市民道徳」として捉え直すならば、その限りにおいて、公教育においてこの言葉を使用することは許されるでしょう。

では「市民道徳」の本質は何か？

言うまでもなく、〈自由の相互承認〉のルールの自覚と、その実践。これこそ「市民道徳」の本質にほかなりません。

5　市民教育としての道徳教育

こうして私たちは、道徳教育は何をすべきかの本質の理解にたどり着きました。〈自由の相互承認〉の感度を育み、その実践ができるようになること。これが公教育における道徳教育の本質なのです。

本来であれば、これは道徳教育というよりは「市民教育」と呼ばれるべきものです。市民教育とは、文字通り、他者の自由を承認・尊重することのできる自由な「市民」を育てる教育のことです。「習俗の価値」としての道徳を教育するというニュアンスを脱し切れない「道徳教育」という言葉は、繰り返しますが公教育にはあまりふさわしいものとは言えません。

しかし先述したように、道徳の概念を「市民道徳」としてアップデートするなら、その限りにおいて、道徳教育という言葉を使ってもよいでしょう。いずれにせよ、公教育が道徳教育を行う必要があるとするなら、それはどこまでも「市民道徳」の教育、すなわち〈自由の相互承認〉の感度を育み、その実践ができるようになる教育なのです。

では、市民教育としての道徳教育は、どのように実践される必要があるのでしょうか？

私自身は、これまで「哲学対話」「学校・ルールづくりとしての道徳教育」「プロジェクトとしての道徳教育」などの具体的な方法を提示してきました[2]。しかし以下では、そのさらに核となる、「対話を通した合意形成」の経験としての道徳教育について論じることにしたいと思います。

しかしその前に、強調しておかなければならないことがあります。

言うまでもないことですが、道徳教育（市民教育）は、道徳の授業だけでなく、学校生活全体を通して実践されるべきものです。と言うよりも、公教育の本質はすなわち市民教育にほかなりません。他者の自由を承認・尊重できる自由な市民を育てる。これが公教育の本質です。したがって私たちは、学校のすべてを、この本質にかなうように作っていかなければなりません。

この実践や活動は、子どもたちが本当に〈自由の相互承認〉の感度を育むものになっているだろうか？〈自由〉になるための力を育むものになっているだろうか？むしろそれを妨げてはいないだろうか？　そのように、学びのあり方から学校行事、学級経営まで、すべての営みが絶えず振り返られ、見直される必要があるのです。

6　一般意志

以下では、市民教育としての道徳教育の中核的な実践として、「対話を通した合意形成」の経験を位置づけたいと思います。なぜこれが中核と言えるかについては、〈自由の相互承認〉と並んでもう一つ重要な〈一般意志〉について論じる必要があります。

〈一般意志〉は、言うまでもなくルソーがその『社会契約論』で提示した概念です。できるだけ分かりやすく言えば、それは「みんなの意志を持ち寄って見出し合った、みんなの利益になる合意」のことです。

民主主義とは何か。その本質をひと言で言い表すなら、〈自由の相互承認〉の原理のもと、〈一般意志〉によって運営される社会です。〈自由の相互承認〉の原理を実質化するために、社会のルール（法）や、それを決めたり運用したりする議会や政府はどうあるべきか？　すなわち、どのような法や権力であれば「正当」と言えるのか？　これがルソーの問いでした。

その答えが〈一般意志〉です。すなわち、すべての人の意志を持ち寄り、対話を重ね、みんなの利益になる合意を見つけ出すこと。そしてその合意に基づいて国を運営すること。そんな〈一般意志〉に基づく法や権力だけを、私たちは「正当」な法・権力と呼ぶことができるのです。

そんなことは不可能だ、と思われるかもしれません。確かに、1億2千万人もいる日本人全員の意志を持ち寄って、ありとあらゆる事柄について対話を通して合意を見つけ出すなんて、現実的には不可能なことでしょう。

でもこれは、細かなことまで何もかも全市民の完全なる合意を常に見出せ、という話ではありません。みんなに関わる大事なことについては、常に暫定的な合意をめざし続けること。そしてそれを、必要に応じて更新し続けること。民主主義社会は、そこにしか「正当性」がないということなのです。もしこの「一般意志」の原理を手放してしまったならば、私たちは再び、一部の特権階級の意志だけがものを言う社会に舞い戻ってしまうことになるだろうからです。

そんなのは建前だ。そう思う人もいるかもしれません。しかし私たちは、この〈一般意志〉の原理があるからこそ、個人の意志がないがしろにされることなく、ちゃんと尊重される権利を保障されているのです。

念のために言っておくと、〈一般意志〉は多数決と同義ではありません。多数決は、いわゆる「多数者の専制」をもたらす危険があるからです。多数決は、これこれこの場合には多数決を用いるという、あらかじめの合意があって初めて正当性を持つのです。さらにその決定は、常に異議申し立てと見直しの機会に開かれていなければ〈一般意志〉にかなうものとは言えません。

繰り返しますが、〈一般意志〉は「みんなの意志を持ち寄って見出し合った、みんなの利益になる合意」のことです。とすれば私たちは、市民として、そのような合意を見出し合う経験を十分に積んでいる必要があります。すなわち、「対話を通した合意形成」の経験です。

ここに、市民教育（道徳教育）の中核は「対話を通した合意形成」の経験を積むことであるということの意味があります。

7 「対話を通した合意形成」の経験としての道徳教育

安易に多数決に頼らず、いかに「対話を通した合意形成」の経験を積むか。ここに、市民教育（道徳教育）の肝があります。

そのためには、「すべての人の利益になる合意」をめざすのだという、対話のルールの共有が必要です。ここを決して揺るがすことがなければ、教室や学校規模での「対話を通した合意形成」は十分に可能です。

たとえば、文化祭の出し物について、クラスの意見がダンスと劇の二つに分かれるといったことはしょっちゅう起こります。そんな時は、安易に多数決を取るのではなく、クラス全員が合意できる建設的な案を粘り強く対話を通して見出し合うことが重要です。

その結果、「ミュージカル風の劇」といった第3のアイデアが見出され、合意されることもあるかもしれません（これは実際に千代田区立麹町中学校で起こったことです）[3]。「対話を通した合意形成」とは、このように「みんなの意志を持ち寄って見出し合った、みんなの利益になる合意」、すなわち〈一般意志〉を見出し合うことなのです。

このような「対話を通した合意形成」の機会を、学校はふんだんに整え保障する必要があります。そして言うまでもなく、道徳の授業でも、このことはやはり一番底に敷かれなければなりません。

私の考えでは、22の内容項目は、本来、市民道徳（自由の相互承認）の観点から精選される必要があります。今の内容項目には、市民道徳に反するとまでは言わなくとも、矛盾をきたしかねないものもありますし、道徳と言うよりはマナーに属するようなものも少なくありません。道徳の本質が混乱しています（ただしマナー教育自体は、自由に生きるために不可欠と見なされる限りにおいて必要です)。

しかし、しばらくはこの内容項目が続くのだとしても、道徳の授業で意識すべきは、それぞれのテーマで「対話を通した合意形成」の機会を保障することです。

むろん、これは一つの道徳的価値に集約することとは全く違います。人それぞれでよいことは、当然、人それぞれで尊重すべきです。しかし、それが誰かを置き去りにするようなものでない、みんなの納得が得られる合意なのであれば、そこをめがけた対話の経験を積むことは、市民教育の重要な役割なのです。ここまでは合意できるが、ここから先は合意できない。そのような「合意」もまた、重要な合意です。そうした「対話を通した合意形成」の力を育むことこそ、市民教育としての道徳教育が最も重視すべきものと言えるでしょう。

哲学対話は、その一つの実践のあり方です。学校やクラスのルールを見直すような活動も、その一つです。と同時に、ごく一般的な、教科書の読み物資料を使った授業でも、「対話を通した合意形成」の実践は十分に可能です。

たとえば、有名な「手品師」。この教材を使って、クラスのみんなが納得し合意できる——手品師と少年も納得できるだろう——新たなアイデアを見出し合う。そのような実践は、どんな教材であっても可能なことです。

1時間の授業では、合意形成ができない場合もあるでしょう。その場合は、むろん、2時間続きで行っても構いません。いずれにせよ、内容項目にかかわらず、学期や学年を通してそうした対話を継続することで、対話を通した合意形成は可能なのだということ、また、それをめざすことの重要性を、子どもたちは存分に体験できる必要があるのです。

おわりに

これまでの道徳教育になじみのある方々の中には、本章で論じてきたことに強い違和感を覚えた方もいらっしゃるかもしれません。

「対話を通した合意形成」？　それは本当に道徳性を育てることにつながるの？　と。

しかし、むしろこのような経験を通して育まれるものこそ、私たちは「道徳性」と呼ぶべきなのです。すなわち、〈自由の相互承認〉のルールの自覚と、その実践。これこそ、現代の民主主義社会における市民道徳の本質だからです。

「対話を通した合意形成」は、お互いを対等な存在として承認・尊重することを前提とします。その上で、誰一人置き去りにしない「みんなの利益になる合意」をめざす。これを市民道徳の実践と言わずに、何と言うことができるでしょうか。

現行の学習指導要領においても、また教科書を使った授業でも、このような実践は十分に可能です。ぜひ、多くの先生方に実践していただき、さらに発展させていただきたいと願っています。

1　スティーブン・ピンカー著、幾島幸子・塩原通緒訳『暴力の人類史（上・下）』青土社、２０１５年。
2　苫野一徳『ほんとうの道徳』トランスビュー、２０１９年。
3　工藤勇一・苫野一徳『子どもたちに民主主義を教えよう』あさま社、２０２２年。

道徳は本当に教えられるのか

田沼茂紀

プロローグ　―道徳が内包するその特質を理解する―

個人の価値観や尊厳性、人権感覚等が何をさておいても問われる時代となった21世紀ですが、ふと気がつけば既に半ばへ差しかかろうとしています。その間、わが国の道徳教育もDX社会の到来や、グローバルな現代社会での個人が果たす社会的役割変化や価値観の多様化に伴って大いに変貌を遂げつつあり、その教育的意義や方法論も見直されようとしています。

その主たる要因は、古代ギリシャの時代より変わらずに問われ続けてきた「道徳は教えられるか」という根源的な問いについての揺らぎや揺り戻しに尽きると考えます。例えば、国家エゴや民族主義に起因する終焉の見えない紛争や核戦争の脅威、乱開発に伴う地球環境の著しい破壊等はいずれも待ったなしの状況にあるはずなのですが、その最大の抑止力になるであろう「人類の叡智」は機能しているとは言いがたい状況です。もしかしたら、まだそんな英断の時は迫っていないのかもしれませんが、それが必要となった世界で何をさておいても求められるのは、教えられるか、教えられないのか解らない「道徳」であるに違いありません。

静かに迫り来る人類の危機を内包する現代社会にあって、わが国の道徳教育も変貌を遂げつつあります。特に道徳教育の指導内容構成とその指導方法とをめぐっては、今後予測される未来社会での諸課題に即応した在るべき姿が、議論の段階から日常的な教育施策として実現され得るものとして検討される段階に至っています。つまり、わが国に関しては明治時代より連綿と引き継がれてきた**道徳的価値伝達型教育方法**から、学習主体として位置づけられる子供たちが、自らの未来において必要とする道徳的価値観を個々の内面に形成していけるような**道徳的価値探求型教育方法**へと転換が求められているのが令和の道徳教育の現実であると考えます。

これは、不易流行が繰り返される公教育の場にあっては、コペルニクス的な発想転換です。わが国の近代教育制度制定当初より実施された「修身口授」も含む修身科や、戦後の政治的混乱期を経て再開された特設「道徳の時間」における指導では、予め定められた必要な価値内容としての徳目や指導内容項目を直接的に教化するような道徳的価値伝達型道徳授業が主流でした。ところが、変貌を続ける現代社会が求めるのは、多様性や包摂性を考慮しながら、市民性教育の視点から社会が要請するテーマに基づいて道徳的価値を複合的な学習内容として再構成して学ぶような道徳学習、道徳的価値探求型道徳科授業となりつつあります。令和時代の幕開けとともに開始した「特別の教科　道徳」に託された未来社会からの期待は限りなく大きく、待ったなしの喫緊課題であると考えます。

1　自己葛藤としての問い：「道徳教育は本当に必要なのか」

学校教育や道徳教育に多年携わってきた論者ですが、ずっと他者に合理的説明ができないままに悩み続け、未だ結論を導き出せていない自己葛藤があります。それこそ、本稿のタイトルとして掲げた「道徳は本当に教えられるのか」という根源的な問いです。今更ながらこのような問題意識を掲げると、「なんだ、またそんな議論を蒸し返すのか」「学校教育は具体現実だから、そんなあやふやな議論をしていては目の前の子供の指導ができない」等々、即座に否定的な受け止めをする読者も少なくないと思います。しかし、この問題意識こそ論者の半世紀近くに及ぶ最大の葛藤、自問であることを述べて論を展開していきたいと思います。

論者が「道徳」という何とも不可思議な用語に関心を寄せたのは、学部学生の頃です。受講していた教職科目「教育原理」で示されたレポート課題が、なんとペスタロッチー（J. H. Pestalozzi, 1746-1827）の名著『隠者の夕暮れ』[1]でした。これを読んで、自分の考えを論述するという、限りなく難解な提出課題だったのです。

頭を抱えました。当時の私には、ペスタロッチーの教育思想など全く理解できず、手も足も出ませんでした。課題提出日を目前に、何か書かなければともがき苦しむ中で目に留まったのが、「人間は内的の安らぎを得るように陶冶され、彼の地位と彼に得られる楽しみとに満足し、如何なる障碍に際しても隠忍し、且つ父親の愛を信ずるやうに陶冶されなければならない。これこそ人間の智慧への陶冶である」という一文でした。少し解ったような気もするし、果たしていい加減な自分の解釈で進めてしまってもよいものなのかという不安が脳裏をかすめました。でも、まずはそれを拠りどころに課題を一気に仕上げました。

しかし、そこで気になったのは「人間の智慧への陶冶」とは何かという疑問です。散々考えて空っぽになった脳裏に突如浮かんだのが、それこそ「道徳」という二文字であったのです。ペスタロッチーの著作はいずれも難解で、晩年の名著『白鳥の歌』[2]に至るまでその真意を解せずに現在に至っている論者ですが、その学生当時の直感的解釈が現在においても、道徳教育学研究のバックボーンとなっていることだけは確かです。

そんな苦渋に満ちた論者と道徳との出会いでしたが、ただそれだけでは終わりませんでした。程なくして、論者は次なる難問に直面してしまいました。ある日、書店で偶然手にした村井実著『道徳は教えられるか』[3]という一冊に巡り会ってしまったからです。そこには、こんなことが書いてありました。道徳教育が「『必要かどうか』『時間を特設すべきかどうか』『いかにあるべきか』などの問題よりも先に、一体それが『意味があるかどうか』、あるいは『可能かどうか』——一口にいえば、『道徳は教えられるかどうか』が謙虚に問われなければならない」[4]と、著者は読者に問いかけていたのです。まさに脳天を一撃された思いでした。

「道徳は教えられない?」ということへの疑念は衝撃的で、自己葛藤の始まりとなりました。

そこで膨らんだ自問とはいったい何なのかが、問題なのです。それは、教育史で学んだ近代教育学の始祖と称されるヘルバルト（J. F. Herbart, 1776–1841）が主張したように、学校でのあらゆる教育活動は道徳教育へと収斂されなければならないはずなのが、実はそれ以前の問題で、そもそもそれが教えられるかどうか問わなければならないというのですから、混乱の極みです。確かに古代ギリシャの哲学者ソクラテス（Sōkrátēs, B. C. 470頃–B. C. 399）は、弟子のプラトン（Plátōn, B. C. 427–B. C. 347）が書き留めた『メノン』[5]の中で、道徳は知識であるから教えられるとしながらも、「誰か徳の教師がいないかと何度もたずねて、あらゆる努力をつくしたにもかかわらず、見つけ出すことができないでいることは確かなのだ」[6]とソクラテスに語らせています。つまり、道徳は教えられないことを意味しています。それにもかかわらず、いつの時代も、どこの国でも道徳教育の有効な方法論が問われ続けてきました。その前提にあるのは、教育することで道徳を身につけさせるという無謀な政治的意図です。

前出の村井は、著書の中で以下のように問うて問題の本質について述べています。それは、道徳教育を受けた人と受けなかった人との間に果たしてその明確な差違が見られるのかという素朴な問いかけです。つまり、高学歴で道徳教育をしっかりと受けたはずの人間が必ずしも道徳的な人間に成長しているとは限らず、逆に学歴が乏しくて道徳教育をきちんと受けられなかった人でも人格的に高潔であったり、道徳的であったりするような事例は日常的に数限りなく散見されます。ならば、道徳教育という、理念が先行しがちな人格教育など無用の長物と批判されても仕方ないことになります。論者は、自らの内に徐々に膨らんで解決できない自己矛盾となったこのジレンマを、学生時代からずっと抱えたまま現在に至っています。

ここまで述べたように、論者は**道徳そのものが人間にとってもつ意味と、それを学校教育の中で道徳教育として施すこととの間には大きな乖離がある**ことを強く感じています。同様に、その人格形成を企図した道徳教育活動の目的、内容や方法と照らした教育実践結果を、単純に授業回数と関連づけて成果と誇ることには、あからさまな不信感と抵抗感をもっています。

学校教育の長い歴史の中でいつも不問に付されたままとなってきた、高邁《まい》な理念と教育実践との間に生ずる軋轢や、教師の良心に起因するジレンマを見て見ぬふりを続けてきたのが道徳教育であると断言しても、それ程に的外れな暴言ではないように論者は考えています。

しかし、よく省察してみれば、これは即ち人格形成という理想追求を是とする道徳教育における根源的問題であるに違いありません。論者が本稿で読者に問いかけたいことは、「令和の日本型教育」の創造を企図しているわが国において、道徳教育や「特別の教科　道徳」をただの無用の長物で終わらせられないという未来志向的な思いに端を発した個人的な教育改革提言としての主張です。

2　道徳教育は誰のためのもので、何を実現したいのか

(1)　道徳教育が内包する二律背反性

冒頭からやや唐突で、やや乱暴な問題提起となってしまいました。例えば、道徳科授業を宗教の時間等で代替できる私立学校教師であっても、日々の教育活動の基となっているのは建学の精神を形づくる宗教の教義や思想であり、結果的にそれに根ざした道徳教育を行うことで**人格形成を促進**しているわけです。ましてや、教育公務員である公立学校教師は、その職責を全うする上で、道徳教育を軽視した教育活動では済まされようはずがありません。なぜなら、教育基本法第1条に「教育は人格の完成を目指し、平和で民主的な国家及び社会の形成者として必要な資質を備えた心身ともに健康な国民の育成を期して行わなければならない」と明記されているからです。それにもかかわらず、道徳教育が充実している実感も、充実してきた実感も、ただの一度ももてていません。

例えば、論者が取りまとめた『道徳科重要用語事典』[7]では、道徳教育について「将来必要とされる国家及び社会の形成者として求められる基本的資質としての道徳性を身につけさ

せること」と解説しました。それを読んだ読者がそのまま額面通りに受け取れば、教師が道徳教育を子供たちに施すことで個々人の人格形成に寄与する道徳性は培われると曲解されてしまうに違いありません。そこで、「道徳は、他教科のように教師が学習内容として子どもに教えることがかなわない人間存在の本質に係る課題を含んでいる」と補説し、学校での道徳教育は教師と子供とが一緒になってともにより善く生きていくための在り方を追求していくことが大切である点を押さえました。いわゆる、**師弟同行による善き人生の求道**こそが道徳教育であるとする解釈に従ってのことです。

このように道徳教育を俯瞰していくと、ある一つの重要な事実が浮かび上がってきます。その事実とは、道徳教育を実施する主体者は誰なのかという、あまりにも単純で、あまりにも当たり前すぎる事柄です。これからの未来社会をより善く生きるために、子供たちにとって人生の糧となる道徳性を学ぶための道徳教育は何よりも大切だという点については、恐らく異論が生じないと思います。しかし、そんな総論としての了解事項を日々の教育的営みとしてどのように実現するのかという各論段階になると、突如として喧々囂々《けんけんごうごう》の議論が沸き起こってしまいます。そして、いくら侃々諤々《かんかんがくがく》の議論を重ねても合意に至ることは見通せません。なぜなら、誰しも自らの生き方については幾ばくかの一家言を有しているからです。それは家庭にあっても、学校にあっても、地域行政にあっても、国家施策に至っても事情は同様です。適切な表現ではありませんが、少なくとも近代教育制度成立以降におけるわが国の徳育教育や道徳教育がそのような二律背反的な事情を抱えてきたことは、言わずもがなところです。

さて、雲を摑むような話へと拡散してもいけませんので、問題の根本部分を少し整理してから、本稿で提言する未来から俯瞰したこれからの道徳教育について述べていきたいと考えます。

前出のソクラテスの名言として、プラトンは対話集『ソクラテスの弁明・クリトン』[8]の中で道徳の本質を以下のように記しています。異教への信仰を説いて若者を拐かしたとする謂われ無き罪状で死罪を宣告されたソクラテスが「悪法も法なり」と甘んじて受け入れ、処刑を前にして老友クリトンに「一番大切なことは単に生きることそのことではなくて、善く生きること、（中略）また善く生きることと美しく生きることと正しく生きることとは同じだということ、これにも変わりがないか、それともあるのか」と問うています。自らの人生を善く生きること、自らの人生を誠実に美しく生きること、自らに恥じない人生を正しく生きることが善であり、徳であるとソクラテスは語りかけているわけです。

そうだとするならば、善を希求し、徳を志向することを学ばせる道徳教育は、誰がどのような内容を、どんな方法で行えば理に適うのでしょうか。あるいは、そんな道徳を教育として施す実施主体についての議論は既に済んで、国民的な合意形成がされているのでしょうか。

それは家庭であれ、地域であれ、学校であれ、道徳教育は善を希求する徳の教育ですから、どこにあっても実施可能ということになります。その時、その教育を施す人とはいったい誰なのでしょうか。単純に考えるなら、家庭であれば親や家族であり、学校であれば教師か級友であるということになるのでしょうか。でも、先に挙げたソクラテスの言葉を借りれば、そこには少し矛盾が生じてきそうです。つまり、**「道徳は教えられるものだけれど、肝心の道徳を教える教師がどこにも見当たらない」**という真意です。ですから、学校では何と言っても日頃から道徳をしっかりと指導しなければならないですよと説きつつも、「でも、やっぱり道徳は教えられないんだよ」と後ろを向いて舌を出している偽善者のようなものです。言わば、そこには二律背反の矛盾が生じているように思います。これこそ、本稿のテーマである「道徳は本当に教えられるのか」という疑念についての真っ正面からの問いかけなのです。

(2) 道徳教育と表裏一体関係の道徳学習

ここまでの論述に触れて、少し違和感を覚えた読者も少なからずおられると思います。その違和感の正体とは、「本当に道徳は教えられないのか」という疑念です。例えば、学校だけでなく地域の神社や寺院、教会、各種社会教育団体等で様々な子供への道徳性啓発活動が展開されています。この事実だけを見れば、「道徳はやっぱり教えられるではないか」といった結論に至ります。すると、道徳教育を積極的に展開すれば子供たちの道徳性は確実に形成されるから、学校教育に限らず様々なコミュニティの総力を結集して道徳教育を積極的に展開することで、子供の道徳性形成は実現するに違いない、といった世論醸成に向けた前向きな結論に至ります。

でも、本当にそうなのでしょうか。論者には、ここにある種の「わだかまり」があるように思えてなりません。少し立ち止まってエポケー（epoché：思考保留）してみると、何か釈然としないわだかまりの正体が何なのかが少し見えてこないでしょうか。

ここでいう「わだかまり」とは、子供の道徳性形成を知らず知らずに阻害する要因のことです。これが明確になると、道徳教育への理解が一気に社会全体へ波及することは間違いありません。そのわだかまり解消へのヒントは、これまでの自分自身の日常的道徳生活の中で是としてきた生き方そのものに見え隠れしているように論者は考えます。多くの人々は、自らの道徳的価値観形成がどのようになされてきたのかを体験的に知っているはずです。それにもかかわらず、先述のような一面的な方法を解決としてみるなど、誰もが迷路に迷い込んで出口を見失っているような現実になっているのがとても気になります。

例えば、書の詩人として知られる相田みつを詩書作品集『いちずに一本道　いちずに一ッ事』[9]では、『道』と題するいう作品が所収されています。そこで相田は、「道はじぶんでつくる　道は自分でひらく　人のつくったものはじぶんの道にはならない」（同書　120－121頁）と看破しています。詩書作品としての迫力に圧倒されつつも、それ以上に幾多の苦難を乗り越えながら書家を志して独立を果たし、粘り強く自らの人生と対峙し続けてきた人間の逞しい生き様や価値観が垣間見られて思わず感動を禁じ得ません。

そんな事情を知りつつも僭越なのですが、相田のこの詩書作品『道』を少し道徳教育の観点から分析的に解釈していきたいと思います。まず、冒頭の一行目「道はじぶんでつくる」ですが、人は誰しも、自らの内面的資質としての道徳性に裏打ちされた道徳的価値観形成をすることに関しては他者では叶わない自分事なのだと述べています。ですから、二行目では自分の人生、つまり自分の生き方やそれに係る価値観は自分自身で形成していくものであることを断言しています。さらに続けて最終行では、自分の生き方やそれに係る道徳的価値観形成は他者からいくら教えられたり、押しつけられたりしても自ら「そうだ」と納得して受容しなければ決して自分のものにはならないことを明確に言い切っています。ただ、このようなことは言われるまでもなく、自らの日常的道徳生活をきちんと自己省察してみれば、誰しも一つや二つは心当たりのある場面が鮮明に浮かんでくるに違いありません。それにもかかわらず、多くの人々が道徳教育は大人が、社会が、学校が（つまり他者が）責任をもって教えなければならないことだと信じて疑わない現実があります。どうしてなのでしょうか。本来の道徳教育とは、学習当事者が自分事として道徳学習を主体的に展開していけるような場面を実現していくことではないでしょうか。

そのいちばんの阻止要因となっているのが、先述の「わだかまり」の正体です。つまり、「道徳を施す対象となっている子供たちはやがて大人社会に組み込まれる存在である」と多くの大人たちがこの21世紀半ばの現代に及んでも誤認しているという現実です。こんなことは本来は自明の事実です。例えば、これらの誤認はフランス革命にも影響を及ぼしたとされている思想家で「子供の発見者」としても知られるルソー（J. J. Rousseau, 1712–1778）が、教育小説『エミール』[10]の中で語った事柄、いわゆる、多くの人々が子供を「小さな大人」として捉える誤った子供観が当然視された時代の置き土産であると言えますし、スイスの心理学者ピアジェ（J. Piaget, 1896–1980）は、認知発達論の立場から道徳性は、大人の拘束による他律的段階から子供自身の自覚による協同道徳という自律的段階へと発達すると指摘しているのです。本稿では、そんな社会科学的な視点から道徳とは何かを問いかけ、その上で子供に道徳性を培うにはどのような手立てを講ずればよいのかという根源的問題へ言及することで、道徳教育に関わる人々全てに理解を促したいのです。

このような前提に立っての道徳、つまり個人的な道徳的価値観を形づくっている内面的資質としての道徳性を規定した場合、日常的道徳生活の中で一口に「道徳」と称しながらも、その内実には似て非なる二側面があることへも言及しないわけにはいきません。いわゆる、内的道徳性と外的道徳性との区別に関する問題です。

道徳性の捉え方には、日常的なルールやマナー、エチケット等と称される道徳的習慣や、限定された集団や社会の中だけで通用する道徳的慣習と称される**外的道徳性**が一方にあります。そして、それとは明確に区別する形で、道徳的原理に則った是々非々論としての**内的道徳性**という二つの側面があります。外的道徳性は、当事者の外で既に形づくられて存在する社会規範です。それに対して内的道徳性の形成主体者は、大人であれ子供であれ、その主体は当事者本人です。つまり、それぞれの日常的道徳生活で培った道徳的倫理観に従い、それを具現化していこうとする当事者の実践的能力です。よって、外的道徳性の獲得は社会性の獲得、社会適応能力といったもので、わが国の近代倫理学の父祖とも称される和辻哲郎が『人間の学としての倫理学』[11]で指摘した「間柄的存在」、すなわち「人間は単に『人の間』であるのみならず、自、他、世人であるところの人の間なのである」ことを意味しているのです。和辻は、「すなわち人間とは『よのなか』『世間』を意味し、『俗に誤って人の意となった』のである」と明快に述べています。もちろん、外的道徳性そのものは無用なものではありません。ただ、ここでの内的道徳性とは一線を画します。内的道徳性とは、普遍的原理としての倫理、すなわち自己の良心に基づいてより善い生き方を志向していく能力であり、外的道徳性を個の内面から支える内なる道徳的諸能力であると説明できると考えます。

このように外的道徳性と内的道徳性を区別して考えていくと、外的道徳性としての道徳的習慣や道徳的慣習は具体的な知識として指導し、子供たちの日常的道徳生活へ敷衍《ふえん》していくことが十分に可能で、重要なことでもあります。でも、日常的道徳生活の中で自らの道徳観・倫理観の発露として発揮される道徳的実践力を意味する内的道徳性にまでに育てるのは大変なことです。なぜなら、繰り返しになりますが、自らの道徳性の形成主体者は大人であれ子供であれ、その当事者本人だからです。ならば、ルソーの言葉を言い換えるなら、「世の大人は道徳というものを知らない。道徳について間違った観念をもっているので、議論を進めれば進めるほど迷路に入り込む」といったことになるのではないでしょうか。また、「世の大人は子供の躾といった外的道徳性の内に大人を求め、大人になる前に身につける子供の内的道徳性がどういうものであるのかを考えた方がよい」[12]と自戒することも重要であるに違いありません。

ここまでの内容を、一旦要約します。第一としては、相田の詩書作品『道』を再掲するまでもありませんが、多くの大人が混同している道徳性そのものの意味概念とその内容を一度きちんと整理する必要があります。そして、外的道徳性については、学校の教育活動全体を通じて行う道徳教育として子供たちに大いに指導していく必要があります。ですが、「特別の教科　道徳」＝道徳科授業においては、内的道徳性として個の在り方や生き方の礎となって発揮される内面的資質としての道徳的諸価値への深い理解と自覚を促すべきであると考えます。

第二の肝となる重要な問題点は、学校での道徳教育の「要」の時間と位置づけられる道徳科における子供たちの学びについての意味づけと、指導する教師の立ち位置の問題です。「道徳の時間」から「特別の教科　道徳」に移行転換する際に、時の文部科学大臣であった松野博一は、「いじめに正面から向き合う『考え、議論する道徳』への転換に向けて」と題する異例のメッセージ（2016年11月18日）を発表しました。そのメッセージの中には、「これまでの道徳教育は、読み物の登場人物の気持ちを読み取ることで終わってしまっていたり、『いじめは許されない』ということを児童生徒に言わせたり書かせたりするだけの授業になりがち」であったことを反省し、現実のいじめの問題に対応できる資質・能力を育むために、「『あなたならどうするか』を真正面から問い、自分自身のこととして、多面的・多角的に考え、議論していく『考え、議論する道徳』へと転換すること」が重要であると訴えています。つまり、道徳科授業のキーパーソンは教師ではなく、自らの道徳学習を展開できる子供たちでなければならないという道徳科授業改革宣言であったのです。よって、この政策転換は単に道徳の時間を教科化しただけのことではなく、子供の道徳学習実現に向けた抜本的改革の第一歩でもあったわけです。

また、時をほぼ重ねるように令和時代が幕を開けました。そんな中で、道徳科は新たな歴史を刻んでいます。そんな時代背景を受け、新たに誕生したのが教科教育「道徳科」です。次世紀に向け、未来志向的視点から改革を進めるには絶好の機会でもあります。その押し留めることができない大きな歴史のうねりこそ、**道徳的価値伝達型道徳授業から道徳的価値探求型道徳科授業への脱皮**に違いありませんでした。ただ、残念なことに世界中を席巻したコロナ感染症（COVID-19）の拡大によって、その絶好の機会は勢いを削がれてしまった観があります。とても残念な、そして抗うことのできない「大いなるもの」の仕業なのかもしれません。しかし、ニューノーマルの新たな日常が進行する中で道徳科の歴史が刻まれ始めたと理解すれば、むしろこれからの道徳科新時代を再度構想し直すモラトリアムという絶好の機会になったのではと信じている次第です。

3　これからの道徳科で培う道徳的資質・能力への問い

(1)　道徳科で育てる学力としてのモラルラーニング・スキル

こんな見出しを掲げると、「道徳の時間であれ、道徳科であれ、それは子供たちの心を育むためのもの」「他教科のように最初から指導すべき内容が決まっていないのが道徳科だ」「明確な答えがないから全ての答えが正しいのが道徳科だ」「学習指導要領に示された内容項目を押さえることこそ毎時間の道徳科の目標だ」等々、百花繚乱の道徳科授業論が沸き起こりそうです。同時に、百鬼夜行のようでいずれの道徳科論も怪しいような気がしてきます（こんなわが国の教育界のアバウトな体質こそ、「何でもありの道徳授業論」を平然と容認してきた温床になってきたのかもしれません。自分のことを棚に上げて、手厳しいことを述べています）。そんな時は、学習指導要領に立ち返るのがいちばん妥当なことなのかと常々考えています。

まず、その議論の前に道徳科で育てる「学力」とは何かを押さえたいと思います。道徳科も授業として実施する以上、そこに何らかの学力が育つはずです。さて、それは何かと思い迷ったら、学習指導要領第３章「特別の教科　道徳」の目標を熟読すべきです。そこには、道徳科の目標として「道徳的諸価値の理解を基に」と謳われ、様々な道徳的諸価値理解をすることが大切だと述べられています。つまり、認知的側面での能力が問われているのです。その目標を実現するために「自己を見つめ、物事を（中：広い視野から）多面的・多角的に考え」と理解に至るための方法や手段といった学習方法の進め方が掲げられています。そこで必要なものは、情意的側面という資質を基底にした具体的な認知的学習能力です。さらにそれらの目標や方法を踏まえた先には、「自己の（中：人間としての）生き方についての考えを深める学習を通して、道徳的な①判断力、②心情、③実践意欲と態度を育てる」（丸数字は論者による）というように明確な到達ゴールが示されています。つまり、情意的側面を基底とし、メタ認知によって行動的側面（道徳的実践を促す内発的動機づけ）を強化・促進する道徳的諸価値を、自覚的に理解できるようにするという学習目的が示されているわけです。そこには、内容項目を教えろとはどこにも書いてありません。あくまでも、道徳的資質を背景にした道徳的諸能力形成が意図されています。

論者はかねてより、これを**モラルラーニング・スキル**（MLS＝Moral Learning Skill）と称してきました。道徳科で身につける資質・能力としてのMLSとは、①**道徳的問題に気づく力**、②**道徳的問題を道徳的諸価値との関わりで考え深める力**、③**導き出した道徳的価値を感得して受容する力**といった、道徳科学習を介して獲得する「個のよさを発揮しながら自らの生き方を考え深める」ための力で、これらは後天的に身につけることが可能なものです。このような「生きて働く道徳性」としてのMLSを育成する実践的方略視点こそが道徳科授業では重要であると考えます。

(2) モデレーションとチューニングで創る道徳科授業

子供たちが「生きて働く道徳性」としてのMLSを自らの内に育んでいくためには、日常的な授業実践を従前のような道徳的価値伝達型道徳授業から道徳的価値探求型道徳科授業へと転換していくことが何よりも肝要です。その際に必須要件となるのが、**モデレーション**（moderation：異なるものを共有するための摺り合わせ）と**チューニング**（tuning：互いの価値観の同調・統合化）という、子供の道徳学習を促進する原動力となる指導方法原理の導入です。

道徳的価値探求型道徳科授業は、提示された道徳的問題から個人が個別な問いをもつことで始まります。各々に異なる個別な問いの解決を目指し、「三人寄れば文殊の知恵」のように協同思考（cooperative learning）することで学びを拡げ、深化させていくためには、重なり部分を摺り合わせて共通学習課題として共有する必要があります。それはあくまでも、異なりへの合意を摺り合わせて互いに納得できる課題追求学習を成立させるための手続きです。そこで合意共有した共通学習課題に基づく価値追求過程では、次にチューニングが不可欠となります。個々の問いを解決するために他者との協同によって思考深化する様は、それぞれの楽器が自らに課せられた役割を堅持しつつ協同・調和して紡ぐオーケストラの美しい調べそのものに例えられます。

個々の問いを前提とした望ましさの協同追求結果として導く共通解とは、そのようなイメージです。そこまでのチューニングで導いた共通解があるからこそ、それに照らして個人が当初に抱いた道徳的問いに再び立ち戻って再吟味・検討し、個の納得解を紡ぐことができるのです。

このような人格形成をハブにした日本型学校教育としての「主体的・対話的で深い学び」の体現を道徳科で目指そうとするなら、個別な道徳的価値観の紡ぎへ導くという道徳科固有の特質から、協同学習過程では個の問いを基底にした共通課題を設定するためのモデレーションが最重要です。さらに、その共通学習課題を追求する過程として他者と展開する課題探求の語り合いの場となるチューニング手続きは個別最適な道徳学びを展開するための必須要件となってくるのです。

エピローグ　―教えられなくても考えさせることには意味がある―

道徳についての授業法は、修身科時代から先行研究の乏しさや関係者の無理解・意図的欺瞞などを背景に、教育学的方法論の視点を欠き、学習主体者である子供を蚊帳の外に置いてきました。やはり、未来を生き、自らの未来で求められる道徳的価値観を創造しようとする子供たちに道徳科授業が提供できるのは、①自らの生き方の善さを実感として肯定できること、②自らを見つめ自己内対話しながら道徳的価値に気づけること、③自己課題と向き合って解決しようと努めること、④共に学ぶ他者の善さを受容して互いに高まり合える喜びを体感的に理解させることでしょう。

参考文献

1　J.H.ペスタロッチー『隠者の夕暮れ』長田新訳　1943　岩波文庫
2　J.H.ペスタロッチー『ペスタロッチー全集12』長田新編　1959　平凡社
3　村井実『道徳は教えられるか』　1967　国土社
4　村井実　同書　15頁
5　プラトン『メノン』藤沢令夫訳　1994　岩波文庫

6　プラトン　同書　82頁
7　田沼茂紀編『道徳科重要用語事典』２０２１　明治図書　10頁参照
8　プラトン『ソクラテスの弁明・クリトン』久保勉訳　１９２７　岩波文庫　74頁
9　相田みつを『いちずに一本道　いちずに一ッ事』１９９２　佼成出版　１２０-１２１頁
10　J．J．ルソー『エミール』今野一雄訳　１９６２　岩波文庫
11　和辻哲郎『人間の学としての倫理学』２００７　岩波文庫　18-22頁参照
12　J．J．ルソー　前掲書　18頁を参照されたい。

編著者紹介（２０２２年11月末現在）

編著者

田沼　茂紀（たぬま・しげき）

國學院大學人間開発学部初等教育学科・教授。修士（教育学）。専門は道徳教育学・教育カリキュラム論。川崎市公立学校教諭を経て、高知大学教育学部助教授、同学部教授、同学部附属教育実践総合センター長。２００９年より國學院大學人間開発学部教授。同学部長を経て現職。日本道徳教育学会理事、日本道徳教育方法学会理事、日本道徳教育学会神奈川支部長。

執筆者（執筆順）

走井　洋一（はしりい・よういち）

東京家政大学・教授

博士（教育学）。専門は教育哲学・教育人間学。編書に『道徳教育の理論と方法』（ミネルヴァ書房、２０２０）、共著に道徳教育学フロンティア研究会編『道徳教育はいかにあるべきか』、『続・道徳教育はいかにあるべきか』（ミネルヴァ書房、２０２１、２０２２）、貝塚茂樹・林泰成編『道徳教育論』（放送大学教育振興会、２０２１）、ほか。

荒木　寿友（あらき・かずとも）

立命館大学教職大学院・教授

博士（教育学）。専門は、教育方法学、道徳教育、国際教育、ワークショップ、教師教育学など。道徳教育における対話やワークショップを中心とした研究とともに、国内外で教育支援、教師支援活動を行う。主な著書に『学校における対話とコミュニティの形成』（三省堂、２０１３）、『ゼロから学べる道徳科授業づくり』（明治図書、２０１７）、『いちばんわかりやすい道徳の授業づくり：対話する道徳をデザインする』（明治図書、２０２１）など。日本道徳教育学会理事。日本道徳性発達実践学会事務局長。

髙宮　正貴（たかみや・まさき）

大阪体育大学教育学部・准教授

博士（教育学）。専門は、教育哲学、道徳教育学。道徳

的判断力を育む授業の開発、道徳の内容項目の倫理学的研究などに取り組んでいる。著書に『道徳的判断力を育む道徳授業――多面的・多角的な教材の読み方と発問』（杉本遼との共著、北大路書房、２０２２年）『J.S. ミルの教育思想――自由と平等はいかに両立するのか』（世織書房、２０２１年）『価値観を広げる道徳授業づくり――教材の価値分析で発問力を高める』（北大路書房、２０２０年）などがある。

吉田　誠（よしだ・まこと）

山形大学学術研究院（地域教育文化学部担当）・教授

博士（教育学）。専門は道徳教育学。日本倫理道徳教育学会理事。ホワイトボード・ミーティング®認定講師。主な著書・論文として、吉田誠・木原一彰編著『道徳科初めての授業づくり―ねらいの8類型による分析と探究―』（大学教育出版、２０１８年）、吉田誠・逸見裕輔「コンピテンシー・モデルとホワイトボード・ミーティング®によるエピソード評価―学級目標達成に向けた道徳科単元学習における指導と評価の一体化―」『道徳と教育』№.３３８（日本道徳教育学会、２０２０年3月）などがある。

豊田　光世（とよだ・みつよ）

新潟大学佐渡自然共生科学センター・准教授

博士（学術）。２００４年よりハワイ大学大学院で p4c（子どもの哲学）の教育・研究に従事。帰国後、地域社会で対話の場のデザインを展開する傍ら、日本の教育現場において p4c を生かした授業づくりを支援。兵庫県立大学環境人間学部講師、東京工業大学グローバルリーダー教育院特任准教授を経て、２０１５年9月より現職。主な著書として『p4c の授業デザイン：共に考える探究と対話の時間のつくり方』（明治図書、２０２０）。

中野　啓明（なかの・ひろあき）

新潟青陵大学・教授

博士（学術）。専門は教育学。主な著書として、『教育的ケアリングの研究』（樹村房、２００２年）、『ケアリングの現在―倫理・教育・看護・福祉の境界を越えて』（編著、晃洋書房、２００６年）、『ＧＩＧＡスクールに対応した小学校道徳ＩＣＴ活用 BOOK』（編著、明治図書、２０２１年）などがある。

藤澤　文（ふじさわ・あや）
鎌倉女子大学大学院児童学研究科・准教授
博士（人文科学）。専門は教育心理学、道徳心理学。東京工業大学室田真男教授にお声がけいただき、ＶＲ道徳教材の開発が始まりました。近年、直接語り合うことを控えて「考え、議論する」ように指導されてきた子どもたちに大きな声で！、向かい合って！、楽しんで道徳科授業を受けて欲しいと願い、辿りついた答えのひとつが仮想空間の活用になります。教職学生、現職の先生方ともご一緒にＶＲ道徳教材を併用した教授法を模索したいと考えております。

柳沼　良太（やぎぬま・りょうた）
岐阜大学大学院教育学研究科・教授
博士（文学）。専門は教育学、道徳教育学。主な著書に『学びと生き方を統合するSociety5.0の教育』（図書文化、２００２年）、『実効性のある道徳教育』（教育出版、２０１５年）、『生きる力を育む道徳教育』（慶應義塾大学出版会、２０１２年）、『ポストモダンの自由管理教育』（春風社、２０１０年）、編著に『問題解決的な学習で創る道徳授業パーフェクトガイド（小学校編・中学校編）』（明治図書、２０１６年）など多数。

江島　顕一（えしま・けんいち）
麗澤大学大学院学校教育研究科・准教授
修士（教育学）。専門は日本教育史、道徳教育。慶應義塾大学大学院社会学研究科教育学専攻後期博士課程単位取得退学。近現代日本の学校における道徳教育の歴史を研究。主な著書に『日本道徳教育の歴史―近代から現代まで』（ミネルヴァ書房、２０１６年）。

関根　明伸（せきね・あきのぶ）
国士舘大学体育学部・教授
博士（教育学）。専門は道徳教育、カリキュラム論。韓国の教育など。東北大学大学院教育学研究科博士後期課程修了。主な著書に『道徳教育を学ぶための重要項目１００』（共編著、教育出版、２０１６年）、『教育課程を学ぶ』（共著、ミネルヴァ書房、２０１９年）、『韓国道徳科教育の研究―教科原理とカリキュラム―』（東北大学出版会、２０１８年）など。

苫野 一徳（とまの・いっとく）
熊本大学大学院教育学研究科・准教授
哲学者・教育学者。博士（教育学）。著書に『どのような教育が「よい」教育か』（講談社）、『「自由」はいかに可能か』（NHK出版）、『はじめての哲学的思考』（筑摩書房）、『「学校」をつくり直す』（河出新書）、『ほんとうの道徳』（トランスビュー）、『愛』（講談社現代新書）、『NHK100分 de 名著 苫野一徳特別授業 ルソー「社会契約論」』（NHK出版）、『未来のきみを変える読書術』（筑摩書房）、『学問としての教育学』（日本評論社）など。

道徳は本当に教えられるのか

―未来から考える道徳教育への12の提言―

2023（令和5）年1月10日　初版第1刷発行

編著者　田沼　茂紀
発行者　錦織　圭之介
発行所　株式会社　東洋館出版社
〒101-0054
東京都千代田区神田錦町２丁目9-1
コンフォール安田ビル2F
代　表　TEL：03-6778-4343
FAX：03-5281-8091
営業部　TEL：03-6778-7278
FAX：03-5281-8092
振　替　00180-7-96823
URL　https://www.toyokan.co.jp
装　丁　中濱健治
印刷・製本　株式会社 藤原印刷

ISBN978-4-491-05061-4 / Printed in Japan